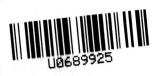

四部要籍選刊

蔣鵬翔 主編

阮刻禮記注疏

八

（清）阮元 校刻

浙江大學出版社

本册目録（八）

附釋音禮記注疏卷第二十七

內則第十二

○陸曰鄭云以其記男女居室事父母舅姑之法○〔疏〕正義曰按鄭目錄云名曰內則者以其記男女居室事父母舅姑之法此於別錄屬子法以閨門之內軌儀可則故曰內則

禮記　鄭氏注　孔穎達疏

后王命冢宰降德于衆兆民　后君也德猶教也萬億曰兆天子曰兆民諸侯曰萬民周禮冢宰掌飲食司徒掌十二教今一云冢宰記者據諸侯也諸侯并六卿爲三或兼職焉○后王鄭云后君也謂諸侯也王天子也盧云后王后也王天子也孫炎王肅云后王君王也并必政反兼如字一音古念反〔疏〕后王至兆民○正義曰此一經論子事父母由此后王之教使之然故先云施教之法○后王者后君也君謂諸侯王謂諸侯王謂天子不先云王者辟天子妃后之嫌故言后王也○命冢宰者若天子則天官爲冢宰若諸侯則司徒爲冢宰今記者據諸侯爲文命此司徒之冢宰○降德于衆兆民者降下也德教也諸侯命冢宰降下教令於羣衆兆民也既據

諸侯當云萬民而云兆民者此經雖以諸侯爲主雜以天子
言之故又稱王又稱兆民也○注后君至職焉○正義曰后
君也釋詁文云萬億曰兆者依如算法億之數有大小二法
其小數以十爲等十萬爲億十億爲兆也其大數以萬爲等
萬至萬是萬萬爲億又從億而數至萬億曰兆故
詩頌毛傳云數萬至萬曰億數億至億曰秭兆在億秭之間是
大數之法鄭以此據天子天下之民故以大數言之詩魏風
刺在位貪殘魏國褊小不應過多故以小數言之故云十萬
曰億云天子曰兆民諸侯曰萬民者閔元年左傳文周禮是
天子之法每云萬民者據畿内言之或可通稱也鄭引此者
明天子諸侯之異經云兆民互明天子也云周禮冢宰掌飲
食司徒掌十二教者欲明飲食教令所掌各有別官不得獨
云冢宰云今一云冢宰記者據諸侯也者今此内則之篇既
有飲食又有教令則經文當云命冢宰司徒兩官備言之今
唯一云冢宰不兼言司徒者是司徒兼冢宰之事故云記者
據諸侯而言之云諸侯并六卿爲三或兼職焉者此明司徒
兼冢宰之事意疑而不定故稱或焉盧氏云后謂天子之妃
者不定后妃唯主内事不得降德于衆兆民孫炎王肅皆云
后王君王謂天子也此經論教訓法則是司徒所掌不可獨
據冢宰盧與孫王之説其義皆非故鄭以爲據諸侯言也但

雜陳王事耳○

○子事父母雞初鳴咸盥漱櫛縰笄總拂髦冠緌纓端韠紳搢笏咸皆也縰韜髮者也總束髮也垂後爲飾拂髦振去塵著之髦用髮爲之象幼時鬌其制未聞也緌纓之飾也端玄端士服也庶人深衣紳大帶所以自紳約也搢猶扱也扱笏於紳笏所以記事也○盥音管洗手漱所救反徐素遘反漱漱口也下同櫛側乙反梳也縰所買反徐所綺反黑繒韜髮笄古兮反總子孔反髦音毛緌耳佳反韠音必紳音申搢徐音箭又如字音晉插也笏音忽韜吐刀反去起呂反著丁略反下文及注同鬌多果反扱本又作捷又作插初洽反徐采協反

左右佩用自佩也必佩者備尊者使令也○令力呈反○

左佩紛帨刀礪小觿金燧紛帨拭物之佩巾也今齊人有言紛者刀礪小刀及礪礱也小觿解小結也觿貌如錐以象骨爲之金燧可取火於日○紛芳云反或作帉同帨始銳反佩巾也觿許規反本或作鑴音同解結錐燧音遂火鏡拭音式礱力工反

右佩玦捍管遰大觿木燧捍謂拾也言可以捍弦也管筆彄也遰刀鞞也木燧鑽火也○捍戶旦反謂射

捍遰時世反徐作滯彄苦侯反鞞必頂反鑽子官反**偪**偪行縢○偪本又作幅彼力反縢徒登反**屨著綦**綦屨繫也○屨九具反綦其記反注及下同○〔疏〕此子事至著綦○正義曰自此以下至不敢私祭以上摠論在內法則子事父母婦事舅姑男女出入之禮長幼相事之法其文既多各隨事節而解之自子至著綦以上還論子事父母之法也此子謂男子知者以經云端韠紳搢笏故也或盥漱者盥謂洗手漱謂漱口此據年稍長者若其孺子則晏起而不能雞初鳴也笄者著縰既畢以笄插之熊氏云此笄謂安髻之笄以縰韜髮作髻既訖橫施此笄於髻中以固髻也故士喪禮云笄用桑長四寸纋中是也纋中謂殺其中使細非固冠之笄故文在冠上且玄冠有纓約士冠禮有纓者無笄問喪云親始死雞斯之時去玄冠而有笄縰是知笄縰不得爲冠總者裂練繒爲之束髮之本垂餘於髻後故以爲飾也此經所陳皆依事先後櫛訖加縰縰訖加笄笄訖加總然後加髦著冠冠畢然後服玄端著韠又加大帶也○左佩紛帨刀礪小觿金燧者皇氏云左旁用力不便故佩小物○右佩玦捍管遰大觿木燧者皇氏云以右廂用力爲便故佩大物○注縰韜至事也○正義曰縰韜髮者也士冠禮云緇纚長六尺鄭云纚一幅長六尺足以韜髮而結之矣盧

云所以裹髻承冠以全幅疊而用之未知孰是盧説爲優云緌纓之飾也者結纓頷下以固冠結之餘者散而下垂謂之緌云端玄端士服也者特牲禮士祭服玄端故云士服也云庶人深衣者以深衣是服之最下者庶人是人之賤者故知服深衣也云紳大帶者其制備於玉藻云笏所以記事也者玉藻文其制亦備於玉藻○注紛帨至於日○正義曰鄭恐人不識佩巾當鄭之時齊人呼佩巾爲紛故鄭指而言之云今齊人有言紛者是也云刀礪小刀及礪礱也者鄭恐刀礪是一物故明之云小刀及礪礱也知小刀者與小觿連文故知也○注捍謂至火也○正義曰拾斂也故鄉射大射將射謂之遂射罷謂之拾拾是收斂之意也云遰刀鞞也者此刀大於左廂刀也云木燧鑽火也者皇氏云晴則以金燧取火於日陰則以木燧鑽火也○注綦屨繫也○正義曰皇氏云屨頭施繫以爲行戒未知然否或可著屨之時屨上自有繫以結於足也故鄭注士冠禮黑屨青絇云絇之言拘也以爲行戒○

○婦事舅姑如事父母雞初鳴咸盥漱櫛縰笄總衣紳笄今簪也衣紳衣而著紳○如父母一本作如事父母衣紳如字又於既反注同簪徐側林反又作南反左佩紛帨刀礪

小觿金燧右佩箴管線纊施縏袠大觿木燧
縏小囊也縏袠言施明爲箴管線纊有之○箴之林反線本
又作綫息賤反纊音曠縏字又作鞶同步干反袠陳乙反又
作帙囊奴郎反又作橐徐音託明爲于僞反○衿纓綦屨衿猶結也婦人有纓
示繫屬也○衿纓本又作紟其鳩反注同嬰又作纓疏婦事至綦屨○正義曰此一節論女事
父母婦事舅姑所服之衣所佩之物皆
異於男子之事各依文解之○注笄今至著紳○正義曰云
笄今簪也者謂婦人之笄異於上男子笄繼故於此始云笄
今簪也則與士冠禮男子爵弁笄皮弁笄同故鄭注冠禮亦
云笄今之簪也則喪服女子吉笄尺二寸也云衣紳衣而著
紳者鄭恐經云衣紳謂衣著此紳故云衣而著紳謂加玄端
綃衣而後著紳帶此異於男子故不有冠緌端韠紳搢笏之
屬○注縏小至有之○正義曰熊氏云袠刺也以針刺袠而爲
縏囊故云縏袠也餘物皆不言施獨於箴管線纊之下而言
施縏袠明爲四物而施矣○注衿猶至屬也○正義曰按鄭
注昏禮云婦人十五許嫁笄而禮之因著纓明有繫。蓋以五
采爲之其制未聞鄭注昏禮既云笄而著纓則未笄無纓也
下男女未冠笄亦云衿纓者彼未冠笄之纓用之以佩容臭

故下注云容臭香物以纓佩之故童子男女皆有之與此婦人既笄之纓別也以適父母舅姑之所適之及所下氣怡聲問衣燠寒疾痛苛癢而敬抑搔之怡說也苛疥也抑按搔摩也○燠本又作奥同於六反暖也苛音何養本又作癢以想反搔素刀反說音悅疥音界說文云瘙瘍也出入則或先或後而敬扶持之先後之隨時便也○便婢面反進盥少者奉槃長者奉水請沃盥盥卒授巾槃承盥水者巾以帨手○少詩召反後皆同奉芳勇反本或作捧下同長丁丈反後皆同帨始銳反拭手也本又作挩同問所欲而敬進之柔色以溫之溫藉也承尊者必和顏色○溫本又作蘊又作慍同於運反注同藉字夜反○饘酏酒醴芼羹菽麥蕡稻黍粱秫唯所欲酏粥也芼菜也蕡熬枲實○饘之然反厚粥也酏羊皮反薄粥也芼毛報反蕡字又作黂扶云反徐扶畏反大麻子注同粱音良秫音述粥之

六反又羊六反熬五羔反枲思里反棗栗飴蜜以甘之堇荁枌榆免薨滫瀡以滑之脂膏以膏之謂用調和飲食也荁堇類也冬用堇夏用荁榆白曰枌免新生者薨乾也秦人溲曰滫齊人滑曰瀡也○飴羊之反餳也堇音謹菜也荁音丸似堇而葉大也枌扶云反免音問注同薨字又作槁苦老反滫思酒反溲也瀡音髓滑也滑胡八反又于八反諸卷皆同膏之古報反調如字又徒弔反和如字又胡卧反夏用户嫁反溲所九反父母舅姑必嘗之而后退敬也

【疏】以適至后退○正義曰此一節論子事父母婦事舅姑至其處所奉扶沃盥之儀奉進酒醴膳羞之事各依文解之○注苛疥也○正義曰苛疥者以其苛與癢共文故知苛疥也○注温藉也○正義曰藉者所以承藉於物言子事父母當和柔顏色承藉父母若藻藉承玉然○注酏粥至枲實○正義曰酏既爲粥粥是薄者則饘爲厚者故左傳云饘於是注云饘鬻也爾雅釋言云餬饘也郭景純謂糜也芼菜者按公食大夫禮三牲皆有芼者牛藿羊苦豕薇也是芼乃爲菜也用菜雜肉爲羹云蕡熬枲實者釋草云蕡枲實也此中菽豆以下供尊者所食悉皆須孰或

煮或熬故云熬泉實也○棗栗至膏之以甘之者謂以此棗栗飴蜜以和甘飲食○以滑之者謂用堇用苴及枌榆及新生乾薧相和滫瀡之令柔滑之○脂膏以膏之者凝者爲脂釋者爲膏以膏沃之使之香美此等總謂調和飲食也○注冬用至瀡之○正義曰按士虞禮記夏用葵冬用苴鄭玄云苴堇類也乾則滑夏秋用生葵冬春用乾苴與此不同者此經堇苴相對故冬用堇夏用苴士虞禮葵與苴相對故夏用葵冬用苴也所對不同故注有異云榆白曰枌者釋木云榆白枌孫炎云榆白者名枌郭景純曰枌榆先生葉却著莢皮色白云免新生者薧乾也者按庖人云共鱻薧之物鱻薧相對此經以免對薧薧既是乾故知免爲新生此免薧於周禮據肉爲言熊氏皇氏皆云文承堇苴枌榆之下據堇苴等爲免薧義或爲然○男女未冠笄者鷄初鳴咸盥漱櫛縰拂髦總角衿纓皆佩容臭總角收髮結之容臭香物也以纓佩之爲迫尊者給小使也○冠古亂反爲迫于僞反昧爽而朝後成人也○朝直遥反下而朝同後如字徐胡豆反下同問何食飲矣若已食則退若未食則佐

長者視具也具饌〔疏〕男女至視具○正義曰此一節論使也○正義曰臭謂芬芳臭物謂之容者庾氏云以臭物可以脩飾形容故謂之容臭以纓佩之者謂纓上有香物也

○凡内外鷄初鳴咸盥漱衣服斂枕簟灑掃室堂及庭布席各從其事斂枕簟者不使人見已褻者簟席之親身也○衣如字又於既反簟徒玷反灑本又作洒所買反又所賣反埽素報反○孺子蚤寢晏起唯所欲食無時又後未成人者孺子小子也○孺如樹反蚤音早〔疏〕凡内至無時○正義曰此一經總論子婦之外卑賤之人爰及僕隸之等故云斂枕簟灑掃室堂及庭布席之屬

○由命士以上父子皆異宮昧爽而朝慈以旨甘日出而退各從其事日入而夕慈以旨甘異宮崇敬也慈愛敬進之日出乃從事食祿不免農也○〔疏〕由命至旨甘○士以上以或作已上時掌反後放此〔疏〕正義曰此一經

論命士以上事親異於命士以下之禮○父母舅姑將坐奉席請何鄉將衽長者奉席請何趾少者執牀與坐將衽謂更臥處○奉芳勇反下同鄉許亮反衽而鴆反又而甚反臥席也止本又作趾足也處昌慮反御者舉几斂席與簟縣衾篋枕斂簟而襡之須臥乃斂之也襡韜也○縣音玄篋口協反襡音獨〔疏〕父母奉襡之○正義曰此一節論父母舅姑將坐將臥奉席之禮及未臥之前曰斂枕簟衾篋舉藏須臥乃鋪御者舉几者謂早旦親起之後侍御之人則奉舉其几以進尊者使馮之○斂席與簟者斂此所臥在下大席與上襯身之簟又縣其所臥之衾以篋貯所臥之枕也○斂簟而襡之者簟既襯身恐其穢汙故斂此細簟以襡韜之言簟則韜藏席則否○父母舅姑之衣衾簟席枕几不傳杖屨祗敬之勿敢近傳移也○傳丈專反注同近附近之近○敦牟卮匜非餕莫敢用餕乃用之牟讀曰堥也卮匜酒漿器敦牟黍稷器也

○敦音對又丁雷反牟木侯反齊人呼土釜爲牟巵音支匜羊支反一音以氏反杜預注左傳云沃盥器也餕音俊堥字又作⿱敄瓦木侯反

與恒食飲非餕莫之敢飲食餕乃食之恒常也旦夕之常食〔疏〕父母至飲食○正義曰此一節論父母舅姑所服用之物子婦不得輒用所恒飲食之饌不得輒食○衣衾簟席枕几不傳者侍御之人停貯常處子婦不得輒更傳移令嚮他處○杖屨祗敬之勿敢近者杖屨是尊者服御之重彌須恭敬故云祗敬之勿敢偏近也○與恒食飲非餕莫之敢飲食者與及也接上敦牟之文非但不敢用及父母恒食飲食非因餕時莫敢飲食○注牟讀至巵器○正義曰敦則周禮有玉敦今之杯盂也隱義曰堥土釜也今以木爲器象土釜之形巵酒器也匜盛酒漿之器故春秋僖二十三年左傳云懷嬴奉匜沃盥是也

○父母在朝夕恒食子婦佐餕婦皆與夫餕也**旣食恒餕**每食餕而盡之末有原也

父沒母存冢子御食羣子婦佐餕如初御侍也謂長子侍母食也侍食者不餕其婦猶皆餕也

○旨甘滑孺子餕〔疏〕父母至子餕○正義

二〇二八

曰此一節論父母之食子婦餕餘之禮也○子婦佐餕者謂長子及長子之婦佐餕者食必須盡以父母食不能盡故子婦佐助餕食之使盡勿使有餘恐再進故注云未有原也未無也原再也無使有餘而再設也羣子婦佐餕如初者冡子既侍母而食羣子婦謂冡子之弟婦及衆弟婦而佐餕如初者如上父母在子婦佐餕之禮故云如初也○注侍食至餕也○正義曰經云冡子御食則云羣子婦佐餕不云冡子故知侍食者不餕冡子無父故得侍母而食冡婦既不侍食故云猶皆餕也○

在父母舅姑之所有命之應唯敬對進退周旋慎齊齊莊也○唯于癸反徐伊水反齊側皆反升降出入揖遊不敢噦噫嚏咳欠伸跛倚睇視不敢唾洟睇傾視也易曰明夷睇于左股○噦於月反噫於畏反嚏音帝咳苦愛反欠丘劒反伸音申跛彼義反倚於義反又其寄反睇大計反視如字徐市志反唾吐臥反涕本又作洟同吐細反○寒不敢襲癢不敢搔襲謂重衣○重直龍反不有敬事不敢袒裼父黨無容○袒音但

裼思歷反不涉不𢷎𢷎揭衣也○𢷎居衛反揭起例反又起列反一音起言反褻衣衾不見裏爲其可穢○見賢遍反下同爲于僞反穢紆廢反又烏會反○父母唾洟不見輒刷去之○刷色劣反去丘呂反冠帶垢和灰請漱衣裳垢和灰請澣手曰漱足曰澣和漬也○垢古口反漱素侯反後皆同澣本又作浣戶管反漬似賜反○衣裳綻裂紉箴請補綴綻猶解也○綻字或作䘺直莧反徐治見反裂本又作列紉女陳反徐而陳反下之林反綴丁劣反又丁衛反解胡賣反又佳買反五日則燂湯請浴三日具沐其間面垢燂潘請靧足垢燂湯請洗潘米瀾也○燂詳廉反溫也潘芳煩反淅米汁靧音悔洗面瀾力旦反少事長賤事貴共帥時共猶皆也帥循也時是也禮皆如此也〔疏〕在父至帥時正義曰此一節論事父母舅姑在尊者之所畏敬之法并論漱澣沐浴并明少事長賤事貴如事父母舅姑○注縢傾至左股○正義

曰明夷睇于左股者是明夷六二爻辭彼注云旁視爲睇六二辰在酉酉是西方又下體離離爲目九三體在震震東方九三又在辰辰得巽氣爲股此謂六二有明德欲承九三故云睇于左股引之者證睇爲旁視也○注擨揭衣也○正義曰言於尊所不因涉水不敢揭衣○注手曰漱足曰澣○正義曰以冠帶既尊故以手漱之用力淺也衣裳既卑故以足澣之用力深也此此據士故冠帶得漱晏子是大夫故譏其澣衣濯冠也此漱澣對文爲例耳散則通也故上曲禮云諸母不漱裳是裳亦漱也詩周南箋云澣謂濯之耳亦是不用足○男不言內女不言外謂事業之次序非祭非喪不相授器祭嚴喪遽不嫌也○遽其據反其相授則女受以篚其無篚則皆坐奠之而后取之奠停地也○篚非鬼反○外內不共井不共湢浴不通寢席不通乞假男女不通衣裳內言不出外言不入湢浴室也○湢彼力反本又作偪○男子入內不嘯不指夜

行以燭無燭則止嘯讀爲叱叱嫌有隱使也○嘯依注音叱尺失反○女子出門必擁蔽其面夜行以燭無燭則止擁猶障也○障音章道路男子由右女子由左地道尊右【疏】男不至由左○正義曰此經論男子女子殊別之宜○注祭嚴喪遽不嫌也○正義曰以經云非祭非喪不相授器則是祭與喪時得相授器所以得者祭是嚴敬之處喪是促遽之所於此之時不嫌男女有婬邪之意○注嘯讀至使也○正義曰嘯是自嘯叱謂叱人經言不嘯與不指連文而指既指物明嘯是叱人故以嘯爲叱矣云嫌有隱使者若其常事以言語處分是顯使人也如有姦私恐人知聞不以言語但諷叱而已是幽隱而使故云叱嫌有隱使也○子婦孝者敬者父母舅姑之命勿逆勿怠恃其孝敬之愛或則違解○解佳賣反下解倦同○若飲食之雖不耆必嘗而待待後命而去也○飲於鴆反食音嗣耆市志反去起呂反本又作而食之加之衣服雖不欲必服

而待待後命釋藏也加之事人待之已雖弗欲謂難其妨已業○難乃旦反○姑與之而姑使之而後復之遠懟怨於勞事姑猶且也○姑與以渚反下同遠于萬反懟直類反本又作懟子婦有勤勞之事雖甚愛之姑縱之而寧數休之不可愛此而移苦於彼也○縱本又作從足用反數色角反○子婦未孝未敬勿庸疾怨庸之言用也○姑教之若不可教而後怒之怒譴責也○譴弃戰反○不可怒子放婦出而不表禮焉表猶明也猶為之隱不明其犯禮之過也○為于偽反

〔疏〕子婦至禮焉○正義曰此一節論子婦事父母舅姑受飲食衣服之事并明父母舅姑接待子婦之禮子婦孝者敬者父母舅姑之命勿逆勿怠者子孝於父母婦敬於舅姑或恐倚恃孝敬之心違逆其命意有怠惰其身故戒令勿逆勿怠也○若飲食之雖不耆必嘗而待者謂尊者以飲食與已已雖不嗜愛必且嘗之而待尊者後命令已去之而後去之○加

之衣服雖不欲必服而待者爲尊者加已衣服已雖不欲必且服之而待後命而藏去之加之事人代之已雖弗欲者謂尊者言加已以事業事業欲成尊者又使人代已此事既嚮成不欲他人代已而難其妨已之業○姑與之而姑使之者姑且也且與代已者之事而且使代已者爲之而后復之者待代已者休解而后復本事業於已身也○子婦有勤勞之事雖甚愛之者從此以下論尊者接待卑者之禮有勤勞之事者謂子婦有辛苦勤勞之事雖甚愛之者謂父母舅姑素來雖甚愛此勤勞之子婦○姑縱之者姑且也所愛子婦既有勤勞且緩縱之○而寧數休之者寧可數數休息此所愛子婦不可移此勤勞於他不愛之子婦也○子婦未孝未敬勿庸疾怨者庸用也子婦既不孝敬勿用憎疾怨惡之○姑教之者姑且也且教誨之○若不可教而后怒之者不可教謂教而不從然後責怒之○不可怒者謂雖責怒之而不從命者○子放婦出而不表禮焉者既不可責怒子被放逐婦被出棄表明也雖被出棄猶爲之隱不顯明言其犯禮之過也

父母有過下氣怡色柔聲以諫諫若不入起敬起孝說則復諫子事父母有隱無犯起猶更也○說音悅下同不說

與其得罪於鄉黨州閭寧孰諫子從父之令不可謂孝也周禮曰二十五家爲閭四閭爲族五族爲黨五黨爲州五州爲鄉也父母怒不說而撻之流血不敢疾怨起敬起孝撻擊也○撻吐達反【疏】父母至起孝○正義曰此一節論父母有過子諫諍之禮○不說者謂父母有過子犯顏諫諍使父母不說也○與其得罪於鄉黨州閭者謂子恐父母不說不敢孰諫使父母有過得罪於鄉黨州閭謂鄉黨州閭所共罪也○寧孰諫者犯顏而諫使父母不說其罪輕畏懼不諫使父母得罪於鄉黨州閭其罪重二者之閒寧可孰諫不可使父母得罪孰諫謂純孰殷勤而諫若物之成孰然父母有婢子若庶子庶孫甚愛之雖父母沒沒身敬之不衰婢子所通賤人之子子有二妾父母愛一人焉子愛一人焉由衣服飲食由執事毋敢視父母所愛雖父母沒不衰由自也○子甚宜

其妻父母不說出宜猶善也子不宜其妻父母曰
是善事我子行夫婦之禮焉沒身不衰（疏）
父母至不衰○正義曰此一節謂父母有婢子庶子庶孫父
母所愛已亦愛之幷明已有妻妾被父母之所愛已亦當愛
之○由衣服飲食由執事母敢視父母所愛者由自也爲自
已身所愛妾衣服飲食及執事母敢比於父母所愛者故鄭
云由自也子甚宜其妻者宜謂與之相善而寵愛○子不宜
其妻者謂不與之相善被疏薄○父母曰是善事我者言此
妻汝雖疏薄是善能事我子當行夫婦之禮焉子雖寵愛其
妻父母不說出者出謂出去也按大戴禮本命云婦有七出
不順父母去無子去淫去妬去有惡疾去口多言去竊盜去
不順父母爲逆德也無子爲其絕世也淫爲亂其族也妬爲
亂其家也有惡疾爲其不可共粢盛也口多言爲其離親也
竊盜爲其反義也大戴禮又云婦有三不去有所受無所歸
不去曾經三年喪不去前貧賤後富貴不去何休又云喪婦
長女不娶無教戒世有惡疾不娶棄於天世有刑人不娶棄
於人亂家女不娶類不正逆家女不娶廢人倫也按周易同
人六二鄭注云天子諸侯后夫人無子不出則猶有六出也

其天子之后雖失禮亦不出故鼎卦初六鄭注云嫁於天子雖失禮無出道廢遠而已若其無子不廢遠之后尊如其犯六出則廢之○父母雖沒將爲善思貽父母令名必果將爲不善思貽父母羞辱必不果貽遺也果決也○貽以之反遺以季反○【疏】父母至不果○正義曰此一節論子事父母父母雖沒思行善事必果決爲之若爲不善思遺父母羞辱必不得果決爲之

○舅沒則姑老謂傳家事於長婦也○傳丈專反冢婦所祭祀賓客每事必請於姑婦雖受傳猶不敢專行也介婦請於冢婦以其代姑之事介婦衆婦○介音界注及下同舅姑使冢婦毋怠雖有勤勞不敢解倦○勸本又作倦其卷反○不友無禮於介婦衆婦無禮冢婦不友之也善兄弟爲友姊姒猶兄弟也舅姑若使介婦毋敢敵耦於冢婦雖有勤勞不敢掉磬○掉磬徒弔反隱義云齊人以相絞許爲掉磬崔云北海人謂相激

事爲掉磬也。不敢並行，不敢並命，不敢並坐。下冢婦也。命，爲使令。○下，戶嫁反。令，力呈反。凡婦不命適私室，不敢退。婦待舅姑者也。婦將有事，大小必請於舅姑。不敢專行。子婦無私貨，無私畜，無私器，不敢私假，不敢私與。家事統於尊也。○畜，許六反，又許又反，又尺六反。婦或賜之飲食、衣服、布帛、佩帨、茝蘭，則受而獻諸舅姑，舅姑受之則喜，如新受賜。或賜之，謂私親兄弟。○茝蘭，本又作芷，昌改反。韋昭注漢書云：香草也。昌以反，又說文云：虈也。虈，火喬反。齊人謂之茝，昌在反。若反賜之，則辭，不得命，如更受賜，藏以待乏。待舅姑之乏之也。不得命者，不見許也。婦若有私親兄弟將與之，則必復請其故，賜而后與之。〔疏〕父母至與之。正義曰：此一節論婦事舅姑之禮并明冢婦介婦相於之節又明婦有私親賜之美物當獻於舅姑也○注謂傳至婦也○正義曰若舅姑未沒年七十以上傳家事於長子其婦亦從夫知家事也若舅沒姑未老則其婦不得專知家事也故經云姑老若其不老則不得知也○注衆婦至弟也○正義曰衆婦無禮冢婦不友之也者以其無禮故○冢婦疏薄之此無禮謂非七出之罪者若其七出自當棄之若冢婦無禮罪非七出衆婦當友之以適婦尊故也○注雖有至掉磬○正義曰庾氏云齊人謂之差訏崔氏云北海人謂相激之事爲掉磬隱義云齊人謂相絞訏爲掉磬○注命爲使令○正義曰謂介婦不敢與冢婦並有教令之命下冢婦也○注或賜至兄弟○正義曰以下文云婦若有私親兄弟將賜之此云或賜之獻諸舅姑故知私親兄弟賜也雖藏之以待舅姑之乏若舅姑不乏私親兄弟既貧將欲以物與之不敢別請其財則必於舅姑處復請其故賜所藏之物舅姑既許然後取而與之○適子庶子祇事宗子宗婦祇敬也宗大宗○復扶又反適丁歷反○雖貴富不敢以貴富入宗子之家雖衆車徒舍于外以寡約入入謂入宗

子家子弟猶歸器衣服裘衾車馬則必獻其上而后敢服用其次也猶若也子弟若有功德以物見饋賜當以善者與宗子也若非所獻則不敢以入於宗子之門謂非宗子之爵所當服也不敢以貴富加於父兄宗族加猶高也若富則具二牲獻其賢者於宗子賢猶善也夫婦皆齊而宗敬焉當助祭於宗子之家○齊側皆反○終事而后敢私祭祭其祖禰【疏】適子至私祭○正義曰此一節論族人敬事宗子之禮○適子庶子祇事宗子宗婦者適子謂父及祖之適子是小宗也庶子謂適子之弟宗子謂大宗子宗婦謂大宗子之婦言小宗及庶子等敬事大宗子及宗婦也○子弟猶歸器衣服裘衾車馬者猶若也歸謂歸遺也子弟若有功德被尊上歸遺衣服裘衾車馬則必獻其善者於宗子○若富則具二牲獻其賢者於宗子者賢猶善也善者獻宗子使祭之不善者私用自祭也○夫婦皆齊而宗敬焉者大宗子將祭之時小宗夫婦皆齊

戒以助祭於大宗以加敬焉謂敬事大宗之祭○終事而后敢私祭者謂大宗終竟祭事而后敢以私祭祖禰也此文雖主事大宗子其大宗之外事小宗子者亦然

○飯目諸飯也黍稷稻粱白黍黃粱稰穛孰穫曰稰生穫曰穛黍黃黍也○稰思呂反穛側角反○

膳膳也膷臐膮醢牛炙醢牛胾醢牛膾羊炙羊胾醢豕炙醢豕胾芥醬魚膾雉兔鶉鷃此上大夫之禮庶羞二十豆也以公食大夫禮饌校之則膮牛炙間不得有醢醢衍字也又以鷃爲鴽也○膷音香牛臛也臐許云反羊臛也膮許堯反豕臛也字林云豕羹也火仮反炙章夜反下同胾側吏反膾古外反芥徐姬邁反鶉順倫反鷃音晏食音嗣醢食攙食並同鴽音如下文同

○飲目諸飲也重醴稻醴清糟黍醴清糟粱醴清糟重陪也糟醇也清泲也致飲有醇者有泲者陪設之也○重直龍反注同糟子曹反徐但到反醇常倫反泲子禮反或以酏爲醴釀粥爲醴黍酏酏粥漿酢酨○酢七故反酨才載反水

清新醷梅桨。醷本又作臆於紀反徐於力反濫以諸和水也以周禮六飲挍之則濫凉也紀莒之間

名諸爲濫。濫力暫反以諸乾桃乾梅皆曰諸〇酒目諸酒也清白白事酒昔酒也〇羞目諸羞也

糗餌粉酏糗擣熬穀也以爲粉餌與餈此記似脫周禮羞籩之實糗餌粉餈羞豆之實酏食糝食此

酏當爲餰以稻米與狼臅膏爲餰是也。糗起九反又昌紹反餌音二下同酏讀曰餈又作餰之然反又之善反擣本又

作搗丁老反下同餈本又作粢自私反下同糝西感反臅昌録反徐又音燭〇食目人君燕食所用也。食音嗣

飯也下菽食麥食食齊皆同徐如字蝸醢而苽食雉羹麥食脯羹

雞羹析稌犬羹兔羹和糝不蓼苽彫胡也稌稻也凡羹齊宜五

味之和米屑之糝蓼則不矣此脯所謂析乾牛羊肉也。蝸力戈反苽音孤字又作菰同雉羹絕句麥食脯羹雞羹絕句

折之列反稌音杜徐他古反和糝上胡臥反下三敢反注同蓼音了齊才細反下文同析星歷反下同濡豚

包苦實蓼濡雞醢醬實蓼濡魚卵醬實蓼濡

鱉醢醬實蓼凡濡謂亨之以汁和也苦苦荼也以包豚殺其氣卵讀爲鯤鯤魚子或作擱也○濡音而下同苞伯交反醢音海一本作醢呼兮反次下句同卵依注音鯤古門反亨普彭反煑也荼音徒擱音闕本又作捫音門腶脩蚳醢腶脩捶脯施薑桂也蚳蚍蜉子也○腶丁亂反蚳直其反蟻子也捶徐之桀反蜱本又作蚍音毗蜉本又作蚽音浮脯羹兔醢麋膚魚醢魚膾芥醬麋腥醢醬桃諸梅諸卵鹽自蝸醢至此二十六物似皆人君燕所食也其饌則亂膚切肉也膚或爲胖卵鹽大鹽也○卵力管反胖音判○凡食齊視春時飯宜溫也羹齊視夏時羹宜熱也○夏戶嫁反下放此醬齊視秋時醬宜涼也飲齊視冬時飲宜寒也○凡和春多酸夏多苦秋多辛冬多鹹調以滑甘多其時味以養氣也○牛宜稌羊宜黍豕宜稷犬宜粱鴈宜麥魚宜苽言其

氣味相成○春宜羔豚膳膏薌夏宜腒鱐膳膏臊秋宜犢麛膳膏腥冬宜鮮羽膳膏羶此八物四時肥美也爲其大盛煎以休廢之膏節其氣也牛膏薌犬膏臊雞膏腥羊膏羶腒乾雉也鱐乾魚也鮮生魚也羽鴈也○薌音香腒其居反盧云雉腊說文云北方謂鳥腊曰腒鱐本又作鱐所求反臊素刀反麛音迷鹿子也腥音星雞膏也說文作胜云犬膏臭也羶升然反爲于僞反大盛音太○牛脩鹿脯田豕脯麋脯麕脯麋鹿田豕麕皆有軒雉兔皆有芼脯皆析乾肉也軒讀爲憲憲謂藿葉切也芼謂菜釀也軒或爲胖○麕九倫反本又作麇又作麕下田豕麕同軒音憲出注後放此爵鷃蜩范蜩蟬也范蜂也○蜩范上音條下音犯范蠭也蠭本又作蜂芳凶反芝栭蔆椇棗栗榛柹瓜桃李梅杏楂梨薑桂蔆芰也椇枳椇也椇蓺之不臧者自牛脩至此三十一物皆人君燕食所加庶羞也周禮天子羞用百有二十品記者不能次錄○芝音之栭

音而本又作檽蔆音陵椇音矩榛側巾反
柹音俟祖側加反芰其寄反枳居氏反〔疏〕飯黍至薑桂○正義曰此一
節揔論飯飲膳羞調和之宜又明四時膳食所用并明善惡
治擇之等又顯貴賤所食之别各依文解之○飯黍至稰穛
此飯之所載凡有六種下云白黍則上黍是黃黍也下言黃
粱則上粱是白粱也按玉藻諸侯朔食四簋黍稷稻粱此則
據諸侯其天子則加以麥苽爲六但記文不載耳○注孰穫
至曰穛○正義曰穛是斂縮之名明以生穫故其物縮斂也
稰既對穛故爲孰穫○膳膷至鶉鷃此一節論豆上所盛美
膳謂羹與胾醢之屬也○注此上至鴽也○正義曰知上大
夫之禮庶羞二十豆者按公食大夫禮文云二十豆者膷一
謂牛臛○也臐二謂羊臛○也膮三謂豕臛○也牛炙四炙牛肉也
此依公食大夫禮所陳設此等四物共爲一行最在於北從
西爲始醢五謂肉醬也牛胾六謂切牛肉醢七牛膾八此等
四物又爲第二行陳之從東爲始羊炙九羊胾十醢十一豕
炙十二此等四物爲第三行陳之從西爲始醢十三豕胾十
四芥醬十五魚膾十六此等四物爲第四行陳之從東爲始
以上十六豆是下大夫之禮也雉十七兔十八鶉十九鷃二
十此等四物爲第五行陳之從西爲始此是上大夫所加二
十豆按公食大夫禮膮之下牛炙之上無醢字故云以公食

大夫禮饌按之則膮牛炙間不得有醢醢衍字也又公食大夫禮以鴽爲鴽按釋鳥云鴽鴾母某氏云謂鶉李巡云鴽鶉一云鴾母郭景純云鶉青州呼爲鴾母皇氏用賀氏之說鴽蝙蝠其義未聞熊氏云此經醢文豕牛羊之下則是牛肉羊肉之醢以其庶羞故得用三牲爲醢若其正羞則不得用三牲故醢人職無云牲之醢也○飲重至醷濫此一節明諸飲之物也○注重陪至之也○正義曰此稻黍粱三醴各有清糟以清糟相配重設故云重醴凡致飲之時有清者有糟者按周禮漿人共王之六飲有水漿醴涼醫酏不云糟也共夫人致飲于賓客之禮清醴醫酏糟注云三物有清有糟夫人不體王得備之若后之致飲於賓客有糟無清故酒正共后之致飲于賓客之禮醫酏糟注云后致飲無醴醫酏不清者與王同體屈也○注以諸至爲濫○正義曰按漿人六飲有涼注云涼今寒粥若糗飯雜水也康成以涼與濫是一物矣則此以諸和水謂以諸雜糗飯之屬和水也諸者衆雜之辭按漿人六飲一曰水則此經水一也二曰漿則此經漿一也三曰醴則此經重醴一也但用清耳四曰涼則此經濫一也五曰醫則此經或以酏爲醴一也六曰酏則此經黍酏一也除六飲之外此經別有醷也若鄭司農之意醷與醫爲一物即以酏爲醴者非康成義也鄭必知醷爲梅漿者見下文云

調之以醯醢及若醷醷則醷是醯之類也又云獸用梅故知
梅漿也按酒正云一曰清則此醴也二曰醫則此以酏為醴
也三曰漿則此漿也四曰酏則此黍酏也但無水涼二物鄭
云無厚薄之齊故酒正不辨矣○酒清白此一節論酒之所
用清謂清酒白謂事酒昔酒以二酒俱白故以一白標之配
清酒則三酒故鄭云白事酒昔酒也此無五齊者五齊是祭
祀獻神所飲非人常用故也○羞糗餌粉餈此周禮羞籩之
實糗餌粉餈鄭注云合蒸曰餌餅之曰餈此二物皆粉稻米
黍米為之糗者擣粉熬大豆為餌餈之黏著故以粉糗擣之
據周禮粉下有餈今無者記人脫漏更以酏益之酏者於周
禮羞豆之實故周禮云羞豆之實酏食糝食酏謂餰也○注
此酏當為餰○正義曰上以黍酏是粥知此酏當為餰者菝
周禮酏食共糝食文連則酏是糝之般類此內則作糝與餰
其事相連故云此酏當為餰若其黍酏非膳羞所用且餰雖
雜以狼臅膏亦粥之般類也○食蝸至卵鹽此一節揔明人
君燕食所用蝸醢而苽食雉羹者謂以蝸為醢以苽米為飯
以雉為羹三者味相宜○麥食脯羹雉羹者謂以麥為飯析
脯為羹又以雞為羹此三者亦味相宜也○析稌犬羹兎羹
者稌稻也謂細析稻米為飯以犬兎為羹此三者亦味相宜
也○和糝不蓼者此等之羹宜以五味調和米屑為糝不須

加蓼也○濡豚包苦實蓼者濡謂亨煑以其汁調和言濡豚之時苞裹豚肉以苦菜殺其惡氣又實之以蓼○濡雞醢醬實蓼者言亨濡此雞加之以醢及醬又實之以蓼濡魚卵醬實蓼者卵謂魚子以魚子爲醬濡亨其魚又實之以蓼○濡鼈醢醬實蓼者謂亨其鼈加醢及醬又實之以蓼凡言實蓼者皇氏云謂破開其腹實蓼於其腹中又更縫而合之○腶脩蚳醢者腶脩謂腶脯也言食腶脯之時以蚳醢配之○脯羹兎醢者脯羹即上析脯爲羹以兎醢配之○麋膚魚醢者麋膚謂麋肉外膚食之以魚醢配之○麋腥醢醬者腥謂生肉言食麋生肉之時還以麋醢配之此云麋腥即上麋膚謂孰也○桃諸梅諸卵鹽者言食桃諸梅諸之時以卵鹽和之王肅云諸菹也謂桃菹梅菹即今之藏桃也藏梅也欲藏之時必先稍乾之故周禮謂之乾藤鄭云桃諸梅諸是也○注卵讀至魚子○正義曰知卵讀爲鯤者以鳥卵非爲醬之物蚳醢是蚍蜉之子今卵醬承濡魚之下宜是魚之般類故讀爲鯤鯤是魚子也○注自蝸至鹽也○正義曰自蝸醢至此二十六物者皇氏云蝸一也苽食二也雉羹三也麥食四也脯羹五也雞羹六也析稌七也犬羹八也兎羹九也濡豚十也濡雞十一也濡魚十二也濡鼈十三也自此以上醢之與醬皆和調濡漬雞豚之屬爲他物而設之故不數矣自此以

下醢及醬各自爲物但相配而食故數之腶脩十四也蚳醢十五也脯羹重出兎醢十六也麋膚十七也魚醢十八也魚膾十九也芥醬二十也麋醢二十一也醢二十二也醬二十三也桃諸二十四也梅諸二十五也卵鹽二十六也諸儒更無所說今依用之云似皆人君燕所食也者按周禮掌客云諸侯相食皆鼎簋十有二其正饌與此不同其食臣下則公食大夫禮具有其文與此又異故疑是人君燕食也云其饌則亂者按上陳庶羞有腳臐膮有牛炙牛胾始云牛炙豕炙而依牲大小先後而陳此則先云雉羹後云脯羹又先云雞羹後云犬羹不依牲之次第又飯食在簋醢羹之屬在豆是上下雜亂故云其饌則亂也云膚切肉也者以其與醢醬皆相類在豆之物故爲切肉若其正膚則在俎故少牢特牲膚皆在俎也云卵鹽大鹽也者以其鹽形似鳥卵故云大鹽也○注多其至氣也○正義曰依經方春不用食酸夏不用食苦四時各減其時味也此云多其時味以養氣者經方所云謂時氣壯者減其時味以殺盛氣此經所云食以養人恐氣虛羸故多其時味以養氣也○注言其氣味相成○正義曰此云牛宜稌上云析稌用犬羹又云犬宜粱而以犬羹配析稌者此牛宜稌之屬據尊者正食上之所云據人君燕食以滋味爲美故與此不同○春宜至膏羶○上文食齊視春時至

魚宜苽皆周禮食醫之文記者載之於此論調和食飲之法
此春宜羔豚一經又記庖人論四時煎和膳食之宜以王相
休廢相參其味乃善○春宜羔豚膳膏薌者春爲木王膏薌
牛膏也牛中央土畜春春東方木木剋土木盛則土休廢用
休廢之膏故用牛膏也○夏宜腒鱐膳膏臊者腒乾雉鱐乾
魚膏臊犬膏也犬屬西方金夏南方火火剋金火盛則金休
廢故用犬膏也○秋宜犢麛膳膏腥者膏腥謂雞膏也雞屬
東方木秋西方金金剋木金盛則木休廢故用雞膏也○冬
宜鮮羽膳膏羶者鮮魚羽鴈膏羶謂羊膏也羊屬南方火冬
水王水剋火水盛則火休廢故用羊膏也周禮庖人文與此
同鄭彼注云羔豚物生而肥犢與麛物成而充腒鱐暵熱而
乾魚鴈水涸而性定此八物者得四時之氣尤盛爲人食之
弗勝是以用休廢之脂膏煎和膳之義與此同○注牛膏至
鴈也○正義曰按洪範五行傳云思之不睿則有牛禍牛屬
土也言之不從則有犬禍犬屬金也貌之不恭則有雞禍雞
屬木也視之不明則有羊禍羊屬火也今四時各有所剋脂
膏而和膳食故知牛膏薌犬膏臊雞膏腥羊膏羶也云腒乾
雉也者士相見禮云冬執雉夏執腒故知腒爲乾雉云鱐乾
魚也者周禮籩人云膴鮑魚鱐鱐與鮑相對鮑爲濕魚故知
鱐是乾魚也云鮮生魚也者鱐既爲乾魚故鮮爲生魚也月

令云季冬獻魚又王制云獺祭魚然後虞人入澤梁是冬魚
成也云羽鴈也者羽族既多而冬來可食者唯鴈故知羽鴈
也庖人云春行羔豚行謂行用此云宜謂氣味相宜其事同
也○牛脩至薑桂○麋鹿田豕麕皆有軒者言此等非但爲
脯又可腥食腥食之時皆以藿葉起之而不細切故云皆有
軒不云牛者牛唯可細切爲膾不宜大切爲軒故不言之○
雉兎皆有芼者爲雉羹兎羹皆有芼菜以和之○芝栭者庾
蔚云無華葉而生者曰芝栭盧氏云芝木芝也王肅云無華
而實者名栭皆芝屬也庾又云自牛脩至薑桂凡三十一物
則芝栭應是一物也今春夏生於木可用爲菹其有白者不
堪食也賀氏云栭軟棗亦云芝木椹也以芝栭爲二物鄭下
注云三十一物則數芝栭爲一物也賀氏說非也○注蔆芡
至次錄○正義曰椇棃之不臧者柤是棃屬其味不善故云
不臧也○云自牛脩至此三十一物者牛脩一鹿脯二田豕
脯三麋脯四麕脯五麋軒六鹿軒七田豕軒八麕軒九雉芼
十兎芼十一爵十二鷃十三蜩十四范十五芝栭十六蔆十
七椇十八棗十九栗二十榛二十一柿二十二瓜二十三桃
二十四李二十五梅二十六杏二十七柤二十八棃二十九
薑三十桂三十一云皆人君燕食所加庶羞也者以下文云
大夫燕食有膾無脯故知此是人君燕食也按周禮籩人醢

人正羞惟有棗栗榛桃無以外雜物故知所加庶羞也引周禮天子羞用百有二十品以下者證天子庶羞既多不惟三十一物而已云記者不能次錄者謂作記之人不能依次條錄天子之事但錄諸侯燕食三十一物而已亦不能依次也

○大夫燕食有膾無脯有脯無膾士不貳羹胾庶人耆老不徒食 尊卑差也

疏 大夫至徒食○正義曰此一經接上人君燕食因明大夫士庶人燕食不同○有脯無膾者言大夫燕食若有脯則不得有膾按鄭志云脯非食殽此燕得食脯者脯非食殽謂食不專用脯以為食殽若有餘饌兼之則得有脯○士不貳羹胾者謂士燕食也若朝夕常食則下云羹食自諸侯以下至於庶人無等

附釋音禮記注疏卷第二十七

禮記注疏卷二十七挍勘記　阮元撰盧宣旬摘錄

附釋音禮記注疏卷第二十七 惠棟挍宋本禮記正義卷第三十七

內則第十二

后王命冢宰節

后王至兆民 惠棟挍宋本無此五字

君謂諸侯王謂諸侯王謂天子 閩監毛本同案王謂諸侯四字誤衍惠棟挍宋本不誤衛氏集說作后謂諸侯王謂天子亦無王謂諸侯四字

不定后妃唯主內事 補監毛本不定作若是

子事父母節

笄總 石經同岳本同嘉靖本同衛氏集說同釋文同閩監毛本總作緫石經考文提要云宋大字本宋本九經南宋

巾箱本余仁仲本劉叔剛本皆作總注下同

自佩也 閩監毛本同岳本同嘉靖本同衞氏集說同考文引足利本自作目

紛帨拭物之佩巾也 閩監毛本同衞氏集說同惠棟挍宋本無佩字宋監本同岳本同嘉靖本同考文引古本足利本同

遰刀鞞也 閩毛本同岳本同衞氏集說同監本鞞誤鞸嘉靖本鞞作鞸按釋文鞞音必頂反當作鞞

子事至著綦 惠棟挍宋本無此五字

縰訖加笄笄訖加總 閩監本同毛本縰誤縱下訖誤統

婦事舅姑節

如事父母 各本同石經亦有事字釋文出如父母云一本作如事父母

衿纓 各本同石經同釋文出衿嬰云嬰又作纓

婦事至綦屨　惠棟挍宋本無此五字

則喪服女子吉笄尺二寸也　閩本同衞氏集說亦作吉監本吉字殘闕毛本吉誤古

而言施鞶袠　惠棟挍宋本作袠衞氏集說同此本袠字模糊閩監毛本袠誤囊

明有鞶　閩監毛本同衞氏集說同惠棟挍宋本鞶下有也字

以適父母舅姑之所節

疾痛苛癢　各本同石經同釋文出苛養云本又作癢

蕡熬枲實　閩毛本同岳本同嘉靖本同衞氏集說同監本枲誤阜不成字

榆白曰枌　閩毛本同岳本同嘉靖本同衞氏集說同監本枌誤粉

以適至后退　惠棟挍宋本無此五字

至其處所奉扶沃盥之儀 閩監毛本同衛氏集說同惠棟挍宋本扶作持

男女未冠笄者節

男女至視具 惠棟挍宋本無此五字

謂纓上有香物也 閩監毛本同衛氏集說有作著

凡內外節

灑掃室堂 閩監本同嘉靖本同毛本掃作埽石經同岳本同衛氏集說同釋文同

孺子蚤寢晏起 各本同石經同釋文孺作孺

凡內至無時 惠棟挍宋本無此五字

由命士以上節

日入而夕慈以旨甘 各本同毛本旨甘二字誤倒

食祿不免農也惠棟按宋本同宋監本同岳本同嘉靖本同衞氏集說同考文引補本足利本同古本免作勉閩監毛本免誤荒

父母舅姑將坐節

長者奉席請何趾各本同石經同釋文出何止云本又作趾○按說文有止字無趾字

須臥乃斂之也惠棟按宋本同宋監本同岳本同嘉靖本同衞氏集說同閩本斂字殘闕監毛本斂誤歛

父母至褥之惠棟按宋本無此五字

父母舅姑之衣衾節

牟讀曰堥也閩監毛本同衞氏集說同正義亦作堥岳本作鍪嘉靖本同釋文出如堥云字又作鍪

父母至飲食惠棟按宋本無此五字

父母在朝夕恒食節

旨甘滑 補各本皆作柔滑此誤脫柔字

父母至子餕 惠棟挍宋本無此五字

子婦餕餘之禮也 閩監毛本同惠棟挍宋本無也字衞氏集說同

在父母舅姑之所節

不敢唾洟 閩監毛本洟誤作咦石經同岳本同嘉靖本同衞氏集說同釋文出唾涕云本又作洟通典六十八亦作洟

潘米瀾也 閩監毛本作瀾岳本同嘉靖本同衞氏集說同釋文同此本瀾誤瀾盧文弨挍云瀾說文作灡

在父至帥時 惠棟挍宋本無此五字

男不言內節

男不至由左　惠棟按宋本無此五字

不嫌男女有婬邪之意　閩監本同毛本婬作淫衛氏集說同

子婦孝者敬者節

或則違解　惠棟按宋本同岳本同嘉靖本同考文引古本足利本同閩監毛本則誤時衛氏集說同釋文出解也衛氏集說解下亦有也字

雖不耆　閩監毛本同岳本同衛氏集說同釋文出不耆石經耆作嗜嘉靖本同惠棟按宋本同宋監本同按疏出經文亦作嗜通典六十八引亦作嗜○按古多假耆爲嗜

姑與之而姑使之　各本同石經同釋文與作予○按予與古今字

子婦至禮焉　惠棟按宋本無此五字

父母有過節

子從父之令 閩監本同岳本同嘉靖本同衛氏集說同毛本令作命通典引亦作令

父母至起孝 惠棟挍宋本無此五字

謂子恐父母不說 閩監毛本作謂此本謂字模糊考文云補本謂作諫

父母有婢子節

父母至不衰 惠棟挍宋本無此五字

喪婦長女不娶 閩本監本同毛本婦作父盧文弨云婦字是父字非

舅沒則姑老節

不敢解倦 各本同釋文出解勌云本又作倦

凡婦不命適私室 石經同岳本同嘉靖本同衛氏集說同閩監毛本凡誤几

藏以待乏 閩本同石經同岳本同嘉靖本同衛氏集說同監毛本乏誤之通典六十八亦作藏以待之

父母至與之　惠棟挍宋本無此五字

并明冢婦介婦相於之節　惠棟挍宋本同閩監毛本於作與衛氏集說同

故○冢婦疏薄之　補故下○誤

析稌　嘉靖本同閩監毛本析作折石經同岳本同衛氏集說同釋文同段玉裁挍本云折當析之誤析同淅汏米也陸云之列反非

包苦實蓼　各本同石經同釋文包作苞

或作攔也　閩監毛本同岳本同衛氏集說同嘉靖本攔誤欄釋文出作攔云本又作捫考文引古本攔作欄

蚳蚍蜉子也　各本同釋文出蜱云本又作蚍

卵鹽　各本同石經同石經考文提要云坊本譌卵醬

自蝸醢至此二十六物 惠棟挍宋本同宋監本同岳本同嘉靖本同衛氏集說同考文引古本足利本同閩監毛本二誤一

麕 腒各本同石經同釋文出麏云本又作麇又作麕下田豕麏同

腒皆析乾肉也 惠棟挍宋本肉上有其字宋監本同岳本同嘉靖本同此本誤脫閩監毛本同衛氏集說同

范蜂也 各本同釋文出蠭云本又作蜂

柹瓜 閩監毛本同嘉靖本同衛氏集說同石經柹作梯宋監本同岳本同釋文同石經考文提要云宋大字本劉叔剛本作柹

楂棃 嘉靖本同閩監毛本同衛氏集說同惠棟挍宋本樝作柤石經同岳本同宋監本同案釋文亦作柤石經考文提要云宋大字本劉叔剛本並作柤

椇蔾之不臧者 閩監毛本同嘉靖本蔾作棃衛氏集說同岳本椇蔾作柤棃宋監本同考文引補本古本足利本作樝棃按椇當作柤困學紀聞引內則注椇棃之不臧是誤字

飯黍至薑桂 惠棟挍宋本無此五字

謂牛臛也 惠棟挍宋本同衛氏集說同閩監毛本臛誤膗下羊臛豕臛同○按依說文當作膗臛俗字

按釋鳥云鴽鴾母某氏云 閩本同惠棟挍宋本同監毛本某誤郭

故以粉糗擣之 閩監毛本同惠棟挍宋本擣作搏衛氏集說同○按依本經注當作擣

析稌七也 監毛本同衛氏集說同閩本析作折惠棟挍宋本同

牛中央土畜春春東方木木尅土 閩本同惠棟挍宋本同惟春字不重衛氏集說同監本畜春春東方木六字闕毛本六字亦脫

犢與麇物成而充　閩監本同毛本充誤克○按周禮注作與麛是也麛鹿子麇乃麇鹿字

椇棃之不臧者　惠棟挍宋本椇作柤此本誤也閩監毛本同下柤是棃屬放此

柤二十八　惠棟挍宋本同閩監毛本柤作樝衞氏集說同

亦不能依次也　惠棟挍宋本此下標禮記正義卷第三十七終記云凡二十一頁

大夫燕食節　惠棟挍宋本自此節起至女子十年不出節止爲第三十八卷卷首題禮記正義卷第三十八

庶人耆老不徒食　各本同毛本徒誤從

大夫至徒食　閩本同監毛本徒誤從按惠棟挍宋本無此五字

禮記注疏卷二十七挍勘記

附釋音禮記注疏卷第二十八

內則　鄭氏注　孔穎達疏

膾春用葱秋用芥豚春用韭秋用蓼芥芥醬也脂用葱膏用薤脂肥凝者釋者曰膏○薤戶界反俗本多作薤非也三牲用藙藙煎茱萸也漢律會稽獻焉爾雅謂之榝○藙魚氣反會古外反稽古兮反榝色八反似茱萸而實赤小和用醯畜與家物自相和也○和戶臥反注皆同注又如字醯呼兮反酢也畜許又反又許六反獸用梅亦野物自相和鶉羹雞羹鴽釀之蓼釀謂切雜之也鴽在羹下烝之不羹也○鶉雞羹本又作鶉羹雞羹魴鱮烝雛燒雉薌無蓼薌蘇荏之屬也燒煙於火中也自膾用葱至此言調和菜釀之所宜也○魴鱮上音房下音敘烝皇絕句之丞反雛字又作鶵仕俱反又匠俱反賀讀魴鱮烝雛爲句燒如字一音焦皇絕句雉皇此一句一讀雉薌爲句蘇荏而甚反調徒弔反○不食雛

鼈狠去腸，狗去腎，狸去正脊，兔去尻，狐去首，豚去腦，魚去乙，鼈去醜。皆爲不利人也。雛鼈伏乳者。乙，魚體中害人者名也。今東海容魚有骨名乙，在目旁，狀如篆乙，食之鯁人不可出。醜謂鼈竅也。○去，起呂反，下並同。尻，苦刀反。腦，奴老反。爲，于僞反，下皆爲同。伏，扶又反。乳，而樹反。鰫，音容。篆，直轉反。鯁，本又作哽，古猛反，字林云鯁魚骨也，又工孟反。竅，苦叫反。○肉曰脫之，魚曰作之，棗曰新之，栗曰撰之，桃曰膽之，柤梨曰攢之。皆治擇之名也。○膽，丁敢反。攢，再官反，本又作鑽。○牛夜鳴則庮，羊泠毛而毳羶，狗赤股而躁臊，鳥皫色而沙鳴鬱，豕望視而交睫腥，馬黑脊而般臂漏，雛尾不盈握弗食，舒鴈翠，鵠鴞胖，舒鳧翠，雞肝，鴈腎，鴇奥，鹿胃。亦皆爲不利人也。庮，惡臭也。春秋傳曰：一薰一庮，湆

毛毳毛別聚於不解者也赤股股裏無毛也膲色毛變色也
沙猶嘶也鬱腐臭也望視視遠也腥當爲星聲之誤也星肉
中如米者般臂前脛般般然也漏當爲螻如螻蛄臭也舒鳫
鵞也翠尾肉也鵠鴞胖謂脅側薄肉也舒鳧鶩也鴇奥脾䏶
也鵠或爲鴞也○庮音由泠音零泠結毛如氈也毳昌銳反
躁早報反麃本又作膲劉昌宗音普保反徐芳表反又普表
反沙如字一音所嫁反注同腱音接腥依注作星說文云腥
星見食豕令肉中生小息肉也字林音先定反般音班臂本
又作擘必避反徐方避反漏依注音螻力侯反鵠胡篤反鴞
于驕反胖音判鴇音保奥於六反胃音謂字又作膶同藁許
云反或作焄又作葷解胡買反嘶音西字又作斯音同腐扶
甫反脛胡定反蛄音姑鵝五何反鶩音木脾扶移反䏶昌私
反

○○肉腥細者爲膾大者爲軒言大切細切異名也膾者必先軒之所謂聶而切之也○腥音星字林作胜云不熟也先丁反聶本又作攝又作牒皆之涉反下同或曰麋

鹿魚爲菹麕爲辟雞野豕爲軒兔爲宛脾

切葱若薤實諸醯以柔之此軒辟雞宛脾皆菹類也釀菜而柔之以醯殺

腥肉及其氣今益州有鹿矮者近由此爲之矣菹軒聶而不切辟雞宛脾聶而切之軒或爲胖宛或作鬱○麕爲九倫反辟必益反徐芳益反注同宛丁晚反脾婢支反醢徐呼兮反本或作醯矮於僞反益州人取鹿殺而埋之地中令臭乃出食之名鹿矮是也近附近之近○

羹食自諸侯以下至於庶人無等羹食食之主也庶羞乃異耳○食音嗣注羹食并下文食禮同

大夫無秩膳謂五十始命未甚老也秩常也

大夫七十而有閣有秩膳也閣以板爲之庪食物也○庪又作庪九委反或居彼反本亦作處○

天子之閣左達五右達五公侯伯於房中五大夫於閣三士於坫一達夾室大夫言於閣與天子同處天子二五倍諸侯也五者三牲之肉及魚腊也○坫丁念反夾古洽反又古協反處昌慮反

【疏】膾春至無蓼○正義曰此一節論調和飲食之宜鶉羹雞羹鴽者謂用鶉用雞爲羹鴽者唯烝煮之而已不以爲羹故文在羹下釀之蓼者釀謂切雜和之言鶉羹雞羹及烝之等三者皆釀之以蓼○魴鱮烝者魴鱮二魚皆烝熟之雛燒者雛是鳥之小者

火中燒之然後調和若今之臛也○雉者文在烝燒之下或燒或烝或可爲羹其用無定故直云雉薌無蓼者薌謂蘇荏之屬言魴鱮烝及雞燒并雉等三者調和唯以蘇荏之屬無用蓼也○注芥芥醬也○正義曰上云魚膾芥醬則謂秋時用芥芥辛於秋宜也○注藙煎至之椒○正義曰賀氏云今蜀郡作之九月九日取茱萸折其枝連其實廣長四五寸一升實可和十升膏名之藙也○不食至攢之○正義曰此一節論治擇肉物惡者及果實之屬○肉曰脫之者皇氏云治肉除其筋膜取好處故李巡注爾雅釋器云肉去其骨曰脫郭云剝其皮也○魚曰作之者皇氏云作謂動搖也凡取魚搖動之視其鮮餒餒者不食李巡注爾雅云作之魚骨小无所去郭氏爾雅今本作斮之注云謂削鱗也○棗曰新之者棗易有塵埃恒治拭之使新○栗曰撰之者栗蟲好食數數布陳撰省視之○桃曰膽之者桃多毛拭治去毛令色青滑如膽也或曰膽謂苦桃有苦如膽者擇去之○柤棃曰攢之者恐有蟲故一一攢看其蟲孔也○牛夜至鹿胃○正義曰此一節論腥臊羶臭及諸物不可食者從牛夜鳴至般臂漏皆與周禮內饔職文同○牛夜鳴則庮者庮是臭惡之氣牛夜鳴則其肉庮臭○經羊泠毛而毳羶者羶謂羶氣泠謂毛本稀泠毳謂毛頭毳結羊若如此其肉羶氣○狗赤股而躁

臊者臊謂臊惡赤股股裏無毛躁謂舉動急躁狗若如此其肉臊惡○鳥皫色而沙鳴鬱者鬱謂腐臭也皫色其色變無潤澤沙鳴者沙嘶也謂鳴而聲嘶鳥若如此其肉腐臭○豕望視而交睫腥者腥謂肉結如星星望視謂豕視望揚交睫謂目睫毛交豕若如此則其肉似星也○馬黑脊而般臂漏者漏謂螻蛄臭黑謂馬脊黑般臂謂馬之前脛其色般般然馬若如此其肉如螻蛄臭也雛尾不盈握弗食者雛謂小鳥尾盈一握然後堪食若其過小未盈握不堪食也自此以下因廣言不堪食之物○舒鴈翠者舒鴈鵝也翠謂尾肉也言鵝尾之肉不堪食也○鵠鴞胖者胖謂脅側薄肉也謂鵠鳥鴞鳥脅側薄肉不可食○舒鳧翠者舒鳧謂鶩鶩即是鴨其翠不可食雞肝鴈腎亦不可食鴇奥者奥謂脾肶謂藏之深奥處鴇奥及鹿胃亦不可食凡此皆爲不利人也○注廇惡至鴇也○正義曰引春秋傳者僖四年左傳文論晉獻公卜娶驪姬其繇曰一薰一蕕十年尚猶有臭薰謂香草蕕謂臭草薰蕕一時相和十年臭氣尚在言善易銷惡難除也蕕比於驪姬之惡也云沙猶嘶也者嘶謂酸嘶古之嘶字單作斯耳云腥當爲星者謂肉中白點似星也故不得爲腥臊之字也云漏當爲螻者以漏非臭惡氣名故讀爲螻也云舒鴈鵝舒鳧鶩也者爾雅釋鳥文某氏云在野舒翼飛遠者爲鵝李巡云

野曰鴈家曰鵝李巡又云野曰鳧家曰鶩○或曰至柔之○正義曰此一節明齏菹之異用肉不同言或曰者作記之人爲記之時無菹軒辟雞宛脾之制作之未審舊有此言記者承而用之故稱或曰○麋鹿魚爲菹者凡大切若全物爲菹細切者爲虀其牲體大者菹之其牲體小者虀之用此麋鹿魚爲菹及野豕爲軒是菹也齏爲辟雞兎爲宛脾者是齏也故鄭注醢人云細切爲齏全物若牒爲菹少儀曰麋鹿爲菹野豕爲軒皆牒而不切齏爲辟雞兎爲宛脾皆牒而切之是菹大而虀小也按少儀不云魚此云魚者記者異聞也此魚與麋鹿相對是魚之大者故以爲菹其辟雞宛脾及軒之名其義未聞○切葱若薤實諸醯以柔之者此亦少儀文也或用葱或用薤故云切葱若薤肉與葱薤置諸醋中故云實諸醯物置醯中悉皆濡熟故云柔之○注釀菜至切之○正義曰此經云葱薤是釀菜而柔之故鄭注醢人云虀菹之稱菜肉通也云今益州有鹿痿者近由此爲之矣者鄭以今益州人有將鹿肉畜之痿爛謂之鹿痿附近由此名古之菹軒而爲此鹿痿也云菹軒聶而不切辟雞宛脾聶而切之者皆少儀文聶則牒也聲相近耳○羮食至坫一○正義曰此一節論天子諸侯及大夫士等尊卑膳食節級之等差○注羮食至異耳○正義曰食謂飯也言羮之與飯是食之主故諸侯

以下無等差也此謂每日常食若非是依常禮食之外或別
有牛羊豕之肉隨時得爲羹也其黍稷稻粱之屬依禮正食
之外隨等別有稼穡收穫皆得爲飯故云羹食無等若依禮
正食天子日食即周禮膳夫王日一舉鼎十有二物皆有俎
及天子八簋諸侯六簋大夫四簋此等即尊卑亦有差降也
言羹食食之主也者凡人所食羹飯爲主助以雜物醬是衆
食所須故曲禮云醯醬處內注云近醯醬者食之主又按公
食大夫禮宰夫自東房授醯醬公設之注云以其爲饌本是
也又牲與黍稷亦諸食之本故掌客云鼎簋十有二注云合
言鼎簋者牲與黍稷俱食之主也雖文各有所施大理不異
云庶羞乃異耳者公食大夫禮下大夫十六豆上大夫二十
豆又周禮掌客云上公食四十侯伯食三十二子男食二十
四鄭注云食謂庶羞羹可食者是庶羞乃異也○注謂五至
常也○正義曰知五十始命未甚老也者以下云六十宿肉
是有常秩此經云無秩膳故知是五十也秩常釋詁文○注
有秩至物也○正義曰此經云七十而有閣故知有秩膳也
然則六十者比五十者則有常肉比七十者則有無肉時也
○注達夾至腊也○正義曰崔氏云宮室之制中央爲正室
正室左右爲房房外有序序外有夾室天子尊庖廚遠故左
夾室五閣右夾室五閣諸侯卑庖廚宜稍近故於房中減降

於天子唯在一房之中而五閣也大夫既卑無嫌故亦於夾室而閣三也三者豕魚腊也士卑不得作閣但於室中爲土坫庋食也云五者三牲之肉及魚腊也者以天子腊用六牲今云五閣是不一牲爲一閣以魚腊是常食之物故知三牲及魚腊也

○凡養老有虞氏以燕禮夏后氏以饗禮殷人以食禮周人脩而兼用之凡五十養於鄉六十養於國七十養於學達於諸侯八十拜君命一坐再至瞽亦如之九十者使人受五十異粻六十宿肉七十二膳八十常珍九十飲食不違寢膳飲從於遊可也六十歲制七十時制八十月制九十日脩唯絞紟衾冒死而后制五十始衰六十非肉不飽七十

非帛不煖八十非人不煖九十雖得人不煖矣五十杖於家六十杖於鄉七十杖於國八十杖於朝九十者天子欲有問焉則就其室以珍從七十不俟朝八十月告存九十日有秩五十不從力政六十不與服戎七十不與賓客之事八十齊喪之事弗及也五十而爵六十不親學七十致政凡自七十以上唯衰麻爲喪凡三王養老皆引年八十者一子不從政九十者其家不從政瞽亦如之凡父母在子雖老不坐有虞氏養國老於上庠養庶

老於下庠夏后氏養國老於東序養庶老於西序殷人養國老於右學養庶老於左學周人養國老於東膠養庶老於虞庠虞庠在國之西郊有虞氏皇而祭深衣而養老夏后氏收而祭燕衣而養老殷人冔而祭縞衣而養老周人冕而祭玄衣而養老記王制有此○粻知良反糧也字林云量也絞古交反紟其鴆反本又作衿同冒亡報反煖乃管反朝直遥反下同珍從才用反又如字與音預下同齊側皆反衰七回反膠音交冔況甫反縞古老反又古報反〔疏〕凡養至養老○正義曰此一節皆王制文記者重而録之後人雖知其重因而不去慎疑不敢刪易也○曾子曰孝子之養老也樂其心不違其志樂其耳目安其寢處以其飲

食忠養之孝子之身終終身也者非終父母之身終其身也是故父母之所愛亦愛之父母之所敬亦敬之至於犬馬盡然而況於人乎賤喻貴也○樂音洛下同養羊亮反

【疏】曾子至人乎○正義曰此一節因上陳養老之事遂陳孝子事親之禮孝子之身終者謂安樂其親之心不違其志樂其耳目安其寢處以其飲食中心養之是孝子事親之身終也○終身也者非終父母之身終其身也者作記之人既云孝子之身終恐人不解謂言孝子事親至親身終故解云終身也者非終竟父母之身也終其孝子之身也言父母雖沒終竟是身而行孝道與親在無異至於犬馬盡然而況於人乎者言父母所敬愛犬馬之屬盡須敬愛而況於父母所敬愛人乎

凡養老五帝憲憲法也養之爲法其德行三王有乞言有讀爲又又從之求善言可施行也五帝憲養氣體而不乞言有善則記之爲惇史三王亦憲既養老

而后乞言亦微其禮皆有惇史惇史史惇厚是也微其禮者依違言之求而不切也。惇音敦〔疏〕凡養至惇史。正義曰此一節論五帝三王養老之禮。五帝憲者憲法也言五帝養老法其德行。三王有乞言者言三王其德漸薄非但法其德行又從求乞善言。五帝憲養氣體而不乞言者覆說上五帝憲之法奉養老人就氣息身體恐其勞動故不乞言有善則記之爲惇史者惇厚也言老人有善德行則記錄之使衆人法則爲惇厚之史亦微其禮皆有惇史者言三王養老既法德行又從乞言其乞言之禮亦依違求之而不偪切三代皆法其德行善言爲惇厚之史故云皆皆者皆三代也

○淳熬煎醢加于陸稻上沃之以膏曰淳熬淳沃也熬亦煎也沃煎成之以爲名。淳熬之純反下五羔反下及注同淳母煎醢加于黍食上沃之以膏曰淳母母讀曰模模象也作此象淳熬。毋依注音模莫胡反下同食音嗣〔疏〕淳熬至淳毋。正義曰此一節論養老須飲食如養親之事明八珍之饌并明羞豆糝餈之等淳熬者是八珍之內一珍之膳名也淳謂沃也

則汳之以膏是也熬謂煎也則煎醢是也○陸稻者謂陸地之稻也謂以陸地稻米熟之爲飯煎醢使熬加于飯上恐其味薄更汳之以膏使味相湛漬曰淳熬○注母讀至淳熬○正義曰以經云淳母母是禁辭非膳羞之體故讀爲模模象也法象淳熬而爲之但用黍爲異耳經云黍食食飯也謂以黍米爲飯不言陸者黍皆在陸無在水之嫌故不言陸

炮取豚若將封之刲之實棗於其腹中編萑以苴之塗之以謹塗炮之塗皆乾擘之濯手以摩之去其皽爲稻粉糔溲之以爲酏以付豚煎諸膏膏必滅之鉅鑊湯以小鼎薌脯於其中使其湯毋滅鼎三日三夜毋絕火而后調之以醯醢炮者以塗燒之爲名也將當爲牂牂牡羊也刲刲摶異語也謹當爲墐聲之誤也墐塗塗有穰草也皽謂皮肉之上魄莫也糔溲亦摶異語也糔讀與滫瀡之滫同薌脯謂煮豚若羊於小鼎中使之香美也謂之脯者

既去皽則解析其肉使薄如爲脯然唯豚全耳豚羊入鼎三日乃內醯醢可食也○炮步交反將依注音牂子郎反刲苦圭反刳口孤反又口侯反編必緜反又步典反萑音丸蘆也苴子餘反苞裹也謹依注作墐音斤徐如字炮之絕句涂皆乾絕句涂本亦作塗擘之必麥反絕句濯直角反去起呂反注同皽章善反蠭息酒反又相流反又息了反溲所九反付徐音賦鉅音巨其據反鑊户郭反使湯一本作使其湯穰如羊反草也䰟莫上普伯反或音博反下亦作膜武博反析星麻反○擣珍取牛羊麋鹿麕之肉必脄每物與牛若一捶反側之去其餌孰出之去其皽柔其肉　脄脊側之肉也捶擣之也餌筋腱也柔之爲汁和也汁和亦醯醢與○脄音每徐亡代反夾脊肉餌音二本或作皽下句作餌筋音斤腱徐其偃反皇紀偃反一音其○言反隱義云筋之大者王逸注楚詞云筋頭也與音餘

漬取牛肉必新殺者薄切之必絕其理湛諸美酒期朝而食之以醢若醯醷　湛亦漬也○湛子潛反直蔭反又將

鴆反一音陟鴆炮取至醢醷○正義曰炮取豚若將者
反注同期音朞【疏】言炮爲炮之法或取豚或取牂故云取豚若
若將封刳其腹實香棗於其腹中○編萑以苴之者萑是亂
草也苴裹也編連亂草以裹市豕牂裹之既畢塗之以謹塗
謂穰草相和之塗也以此墐塗而泥塗之炮之塗皆乾擘之
者謂擘去乾塗也○擢手以摩之去其皽者手既擘泥不淨
其肉又熱故擢手摩之去其皽莫○爲稻粉糔溲之以爲酏
者付全豚之外煎之於膏若羊則解析肉以粥和之○膏必
滅之者滅没也小鼎盛膏以膏煎豚牂膏必没此豚牂也○
鉅鑊湯以小鼎薌脯於其中者謂以大鑊盛湯以小鼎之香
脯實於大鑊湯中○使其湯毋滅鼎者使鑊中之湯無得没
此小鼎若湯没鼎恐湯入鼎中令食壞也○三日三夜毋絶
火者欲令用火微熱勢不絶○注將當至全耳○正義曰以
經云取豚若將則將是豚類故知將當爲牂聲相近又字體
一邊相似云封刳博異語也者按易云士封羊又云刳木爲
舟意同而語異云謹當爲墐者以謹非泥塗之物以聲相近
故爲墐也云墐塗塗有穰草也者用之炮豚須相黏著故知
塗有穰草也云糔溲亦博異語也者亦上封刳封刳既
博異語故云糔溲亦博異語也云唯豚全耳者按周禮封人
有毛炮之豚豚形既小故知全體周禮鄭注云毛炮豚者爓

去其毛而炮之豚既毛炮則此牂或亦毛炮既無正文不敢定也○注豚脊至醢與○正義曰知豚是脊側肉者以脊側肉美今擣以爲珍宜取美處故爲脊側肉云餌筋腱也者以經云去其餌又曰去其皽皽既爲皮莫則餌非復是皮莫故以爲筋腱腱卽筋之類云汁和亦醯醢與者以上炮豚炮牂調以醯醢下漬亦食之以醢若醯故知擣珍和亦用醯醢○

○爲熬捶之去其皽編萑布牛肉焉屑桂與薑以洒諸上而鹽之乾而食之施羊亦如之施麋施鹿施麕皆如牛羊欲濡肉則釋而煎之以醢欲乾肉則捶而食之熬於火上爲之也今之火脯似矣欲濡欲乾人自由也醢或爲醯此七者周禮八珍其一肝膋是也○洒所買反徐西見反鹽音豔又如字乾而食一本無而食之三字濡音儒下同膋音遼徐音勞

【疏】爲熬至食之○正義曰此一經論作熬之法○施羊亦如之者爲熬之法於牛如上所陳若施設於羊亦如牛也○欲濡肉則釋而煎之以醢者言食熬之時唯人所欲若欲得濡肉則以水潤釋

而煎之以醢也○注此七至是也○正義曰七者謂第一淳熬也第二淳模也第三第四炮取豚若牂也第五擣珍也第六漬也第七熬也云其一肝膋者則此糝下肝膋也但作記之人文不依次故在糝下陳之○

糝取牛羊豕之肉三如一小切之與稻米稻米二肉一合以爲餌煎之此周禮糝食也○食音嗣下酏食同○

肝膋取狗肝一幪之以其膋濡炙之舉燋其膋不蓼膋腸閒脂舉或爲巨○幪音蒙焦字又作燋子消反

取稻米舉糔溲之小切狼臅膏以與稻米爲酏○狼臅膏臆中膏也以煎稻米則似今膏𩞄矣此周禮酏食也此酏當從餰○酏讀爲餈之然反又之善反注餈同臆音憶𩞄本又作餈又作𩞄並同之然反音旃○

【疏】糝取至煎之○正義曰三如一者謂取牛羊豕之肉等分如一稻米二肉一者謂二分稻米一分肉也○注此周禮糝食也○正義曰按周禮醢人云羞豆之實酏食糝食故云然也此先陳糝食者亦記人不次○注膋腸至爲巨○正義曰舉皆也

謂炙膋皆焫也○注以煎至從餈○正義曰則似今膏餍矣者似漢時膏餍以膏煎稻米鄭舉時事以說之云此酏當從餈者此內則及周禮酏之字當從餈字以酏是粥非是膏煎稻米故改酏從餈也○禮始於謹夫婦爲宮室辨外內男子居外女子居內深宮固門閽寺守之男不入女不出閽掌守中門之禁也寺掌內人之禁令也○閽音昏男女不同椸枷不敢縣於夫之楎椸不敢藏於夫之篋笥不敢共湢浴竿謂之椸楎杙也○椸本又作箷以支反枷音嫁縣音玄楎音輝笥息吏反竿音干杙音弋夫不在斂枕篋簟席襡器而藏之不敢褻也少事長賤事貴咸如之咸皆也○夫婦之禮唯及七十同藏無間衰老無嫌及猶至也○間徐間廁之間皇如字讀故妾雖老年未滿五十必與五

日之御五十始衰不能孕也妾閉房不復出御矣此御謂侍夜勸息也五日一御諸侯制也諸侯取九女姪娣兩兩而御則三日也次兩媵則四日也次夫人專夜則五日也天子十五日乃一御○年未五十本又作年未滿五十與音預復扶又反下文夫復同姪大結反娣大計反媵羊証反又繩證反將御者齊漱澣慎衣服櫛縰笄總角拂髦衿纓綦屨其往如朝也角衍字也拂髦或爲繆髦也○齊爭皆反下皆同澣音浣朝直遥反下文朝服注朝於君皆同繆居虯反○雖婢妾衣服飲食必後長者人貴賤不可以無禮○後胡豆反○妻不在妾御莫敢當夕辟女君之御日也○辟音避下辟人雖辟辟皆同【疏】禮始至當夕正義曰此一節論夫婦男女及內外之別又明妾與適妻尊卑相降之等各依文解之○注竿謂之椸揮杙也○正義曰按爾雅釋宮云樴謂之杙郭景純注云樴音杙李巡曰謂橛杙也釋宮又云在牆者謂之楎郭景純引禮云不敢縣於夫之楎椸植曰楎橫曰椸然則楎椸是同類之物橫者曰椸則以竿爲之故云竿謂之椸○唯及七十同藏無間者○間別也夫婦唯至

七十同處居藏無所間别以其衰老無所嫌疑故也夫七十則婦六十以上若夫雖七十婦唯六十以下則猶間居也詩傳云男女不六十不間居據婦人言之若其宗子雖七十無妻猶得更娶故曾子問宗子雖七十無無主婦是必須有主婦也○注五十至一御○正義曰此經據妾言之未滿五十必與五日之御五十以上則不與也然則妻雖五十以上猶得與也云姪娣兩兩而御則三日也者以夫人及二媵各有姪娣凡六人故三日也云次兩媵則四日也者如鄭此言夫人姪娣卑於兩媵若望前卑者在前尊者在後望後乃反之知者約天子御法云天子十五日乃一御者按九嬪注云女御八十一人當九夕世婦二十七人當三夕九嬪九人當一夕三夫人當一夕后當一夕亦十五日而徧云自望後反之是也○注女君之御日也○正義曰此謂卿大夫以下故經云妻而注云女君大夫一妻二妾則三日御徧士一妻一妾則二日御徧妾恒辟女君之御日非但不敢當女君之御日縱令自當君之御日猶不敢當夕而往故詩小星云肅肅宵征夙夜在公注引此云凡妾御於君不當夕是也○

妻將生子及月辰居側室側室謂夾之室次燕寢也**夫使人日再問之作而自問之**

妻不敢見使姆衣服而對至于子生夫復使人日再問之作有感動○見賢徧反下及注同姆音茂字林亡又反女師也一音母又音亡久反夫齊則不入側室之門若始時使人問子生男子設弧於門左女子設帨於門右表男女也弧者示有事於武也帨事人之佩巾也○三日始負子男射女否始有事也負之謂抱之而使鄉前也○鄉休亮反下文西鄉皆同○〔疏〕妻將至女否○正義曰從此以下終篇末論國君以下至庶人生子之禮及適庶差別妻妾異等所生男女養教之法從此妻將生子至男射女否則明大夫以下未生子之前夫問之宜及生子設弧矢之法○注側室至寢也○正義曰夫正寢之室在前燕寢在後側室又次燕寢在燕寢之旁故謂之側室妻既居側室則妾亦當然也故春秋傳云趙有側室曰穿是妾之子也生子不於夫正室及妻之燕寢必於側室者以正室燕寢尊故也經云及月辰謂生月之辰初朔之日也○注若始時使人問○正義曰夫不齊之時未動作之前夫使人日再問之令雖動作之後以其齊

故但使人問之故云若始時使人問之也○國君世子生告于君接以大牢宰掌具接讀爲捷捷勝也謂食其母使補虛強氣也○接依注音捷字妾反下接子同食音嗣下注食子食乳皆同三日卜士負之吉者宿齊朝服寢門外詩負之射人以桑弧蓬矢六射天地四方詩之言承也桑弧蓬矢本大古也天地四方男子所有事也○射天地食亦反承如字徐音拯救之拯大音泰保受乃負之代士也保保母宰醴負子賜之束帛醴當爲禮聲之誤也禮以一獻之禮酬之以幣也卜士之妻大夫之妾使食子食子不使君妾適妾有敵義不相褻以勞辱事也士妻大夫之妾謂時自有子○嫡本亦作適同丁歷反

【疏】國君至食子○正義曰此一經論國君世子生及三日負子及食之法○注接讀至氣也○正義曰王肅杜預並以爲接待夫人以大牢鄭必讀爲捷捷爲補虛強氣者以婦人初產必困病虛羸當產三日之內必未能以禮相接應待負子之後今在

前為之故知補虛強氣宜速故也○注詩之至事也○正義曰詩含神霧云詩者持也以手維持則承奉之義謂以手承下而抱負之云桑弧蓬矢本大古也者以桑與蓬皆質素之物故知本大古也云天地四方男子所有事也者男子上事天下事地旁禦四方之難故云所有事然射禮唯四矢者謂天地非射事所及唯禦四方故止四矢蓬是禦亂之草桑衆木之本○注禮以至幣也○正義曰此約士昏禮禮賓酬幣之法此士負子故禮之還用士禮○注士妻至有子○正義曰使其食子須有乳汁故知時自有子者皇氏云士之妻大夫之妾者隨課用一人故桓六年左傳云卜士負之士妻食之不云有大夫妾文略也○

凡接子擇日雖三日之內尊卑必皆選其吉焉○冢子則大牢天子世子也冢大也冢子猶言長子通於下也庶人特豚士特豕大夫少牢國君世子大牢皆謂長子其非冢子則皆降一等謂冢子之弟及衆妾之子生也天子諸侯少牢大夫特豕士特豚庶人猶特豚也○【疏】凡接至一等○正義曰此一節論國君以下至庶人以上接子牲牢之異并適庶不同○注天子至下也○正義曰此云

冢子大牢下云國君世子大牢旣別言國君世子故知此冢子大牢謂天子世子也云冢子猶言長子通於下也者喪服父爲長子是上下通稱長子故云通於下鄭云此者以天子特云冢子則大牢恐冢子之名唯施天子世子故云通於下必知冢子通於下者以下文云庶人特豚士特豕大夫少牢國君大牢下即云其非冢子則皆降一等明冢子之名庶人大夫士等皆有其號○注庶人猶特豚也○正義曰以冢子庶人特豚士特豕大夫少牢國君大牢庶子既降一等天子諸侯少牢大夫特豕士特豚則庶人全應無牲今以禮窮欲與士同故云猶特豚此是三日接子之禮故牲牢如此若三月名子之時則與此異故下文云具視朔食注云朔食天子大牢諸侯少牢大夫特豕士特豚也與此接子適庶參差不同○

○異爲孺子室於宮中○特掃一處以處之○一處尺御反

擇於諸母與可者必求其寬裕慈惠溫良恭敬慎而寡言者使爲子師其次爲慈母其次爲保母皆居子室此人君養子之禮也諸母衆妾也可者傅御之屬也子師教示以善道者慈母知其

嗜欲者保母安其居處者士妻食乳之而已○耆市志反他人無事不往爲兒精氣微弱將驚動也○爲士僞反下爲改爲大溫皆同○〔疏〕異爲至不往○正義曰此一節謂三日負子之後三月名子之前諸侯養子選擇諸母及養子之法此文雖據諸侯其實亦兼大夫士也但士不具三母耳大夫以上則具三母故喪服小功章中君子爲庶母慈己者鄭注引此內則三母獨言慈母舉中以見上下是知大夫有三母也爲之服小功若諸侯之子三母則不服也又此雖在三月之前其實三月之後養子亦當然也○注士妻食乳之而已○正義曰既有子師慈母保母各爲其事故知士妻但食乳之而已○三月之末擇日翦髮爲鬌男角女羈否則男左女右鬌所遺髮也夾囟曰角午達曰羈也○鬌丁果反徐大果反囟音信又思忍反是日也妻以子見於父貴人則爲衣服由命士以下皆漱澣貴人大夫以上也由自也男女夙興沐浴衣服具視朔食朔食天子大牢諸侯少牢大夫特豕士特豚也夫入

門升自阼階立于阼西鄉妻抱子出自房當楣立東面入門者入側室之門也大夫以下見子就側室見妾子於內寢辟人君也○楣音眉

疏三月至東面○正義曰此一節明三月之末卿大夫以下名子之法又書名藏之州府妻遂適寢夫入與妻饌食之事各依文解之○鬌所至羈也○正義曰三月翦髮所留不翦者謂之鬌云夾囟曰角者囟是首腦之上縫故說文云十其字象小兒腦不合也夾囟兩旁當角之處留髮不翦云午達曰羈也者按儀禮云度尺而午注云一從一橫曰午今女翦髮留其頂上縱橫各一相交通達故云午達不如兩角相對但縱橫各一在頂上故曰羈羈者隻也文雖據大夫士天子諸侯之子亦當然也○注入門至君也○正義曰知入側室之門也者上文云妻將生子居側室至此三月之末未有妻出之文則知但在側室此云夫入門謂入側室之門但側室在燕寢之旁亦南嚮故有阼階西階夫立於阼西嚮但卿大夫之室唯有東房妻抱子出自房者出東房當楣東面立與夫相對云大夫以下見子就側室者見子謂見適妻子就側室則此文是也云見妾子於內寢者則下文云妾將生子三月之末漱澣夙齊見於內寢是也鄭注云內寢適妻寢也大夫

所以見適子於側室見庶子於適妻寢者辟人君也人君則見適子於路寢見庶子於側室故云辟人君也知人君見世子於路寢者下文云世子生則君沐浴朝服夫人亦如之皆立於阼階西鄉世婦抱子升自西階既著朝服又東西階相對故知在路寢也又知人君見庶子在側室者下云公庶子生就側室三月之末其母見於君擯者以其子見是就側室也然大夫見妾子於內寢諸侯見妾子於側室何以下文適子庶子見於外寢注云此適子謂世子弟也庶子妾子也外寢君燕寢也又是人君見妾子於外寢不在側室者但人君世子之弟見於外寢妾子見於側室但庶子撫首咳而名之與世子弟同故連文云見於外寢其實在側室也熊氏皇氏俱爲此說故今從焉○姆先相曰母某敢用時日祗見孺子某妻姓若言姜氏也祗敬也或作振○相息亮反夫對曰欽有帥父執子之右手咳而名之欽敬也帥循也言教之敬使有循也執右手明將授之事也○孩字又作咳戶才反妻對曰記有成遂左還授師記猶識也識夫之言使有成也師子師也○還音旋轉也子師辯告

諸婦諸母名後告諸母若名成於尊○辯音遍下同妻遂適寢復夫之燕寢○夫告宰名宰辯告諸男名書曰某年某月某日某生而藏之宰謂屬吏也春秋書桓六年九月丁卯子同生宰告閭史閭史書爲二其一藏諸閭府其一獻諸州史州史獻諸州伯州伯命藏諸州府四閭爲族族百家也閭胥中士一人五黨爲州州二千五百家也州長中大夫一人也皆有屬吏獻猶言也○夫人食如養禮夫入已見子入室也其與妻食如婦始饋舅姑之禮也○養羊尚反

疏 姆先至適寢 正義曰此一節論母以子見父及父名子妻遂適寢之事○姆先相者妻既抱子當楣東面而立傅姆在母之前而相佐其辭曰母某氏敢用時日祇見孺子祇敬也孺稚也謂恭敬奉見稚子夫對曰欽有帥者欽敬也帥循也夫對妻言當教之令其恭敬使有循善道對妻既訖父遂執子右手咳而名之謂以一手執子右手以一手承子之咳而名之○妻對曰記有成者當

記識夫言教之使有成就○遂左還授師者妻對既訖遂左嚮迴還轉身西南以子授子師也○子師辯告諸婦諸母名者諸婦謂同族卑者之妻諸母同族尊者之妻後告諸母欲名成於尊○注某妻至敬也○正義曰祇敬及下注欽敬帥循皆釋詁文也○注宰謂至同生○正義曰此經所陳謂卿大夫以下故以名徧告同宗諸男也若諸侯既絶宗則不告諸男也此舉諸男舉其卑者卑者尚告則告諸父可知此既據卿大夫以下而引春秋桓六年子同生者欲證明子生年月日之事彼謂諸侯也直云子同生不云世子者杜元凱云不云世子書始生言始生之時未立爲世子也經云書名而藏之者謂以簡策書子名而藏之家之書府○注四閭至屬吏○正義曰四閭爲族以下皆周禮地官文云皆有屬吏者閭之屬吏則有閭史也州之屬吏則有州史也州伯則州長也州府是州長之府藏○注夫入至禮也○正義曰夫入已見子入室也者夫既就側室而見子見子既畢從側室而入正室云其與妻食如婦始饋舅姑之禮也者經云如養禮是如養舅姑之禮按士昏禮婦始饋舅姑特豚合升側載右胖載之舅俎左胖載之姑俎其大夫以上則无文必知如婦始饋舅姑者以下文云妾生子及三月之末見子之禮○世子如始入室明知此如養禮如始入室養舅姑之禮也

生則君沐浴朝服夫人亦如之皆立于阼階西鄉世婦抱子升自西階君名之乃降子升自西階則人君見世子於路寢也見妾子就側室凡子生皆就側室諸侯夫人朝於君次而褖衣也○褖通亂反○

疏世子至乃降○正義曰此一節明人君見世子及適庶之禮各依文解之○注子升至衣也○正義曰凡子生皆就側室者按上文妻將生子居側室是卿大夫生子居側室此文人君見世子在路寢經云世婦抱子升自西階是世婦抱子從外而入其內寢是君之常居之處夫人不可於此寢生子故知亦在側室也云夫人朝於君次而褖衣也者按內司服注云后六服后從王祭先王則服褘衣祭先公則服揄翟祭羣小祀則服闕翟鞠衣黃桑服也展衣以禮見王及賓客褖衣御于王之服諸侯夫人以下所得之服各如王后之服則夫人亦如王后也此既在路寢與君同著朝服則是以禮見君合服展衣此云次而褖衣者此謂見子又見子若訖則當進入君寢侍御於君故服進御之服異於尋常以禮見君故不服展衣也次者首飾次第髮爲之則少牢禮髲鬄是也鄭注云古者或剔賤者刑者之髮爲之其褘衣揄翟闕翟首服副副者

覆首爲飾鄭注云若今步繇矣鞠衣展衣首服編鄭云編列髮爲之若今假紒矣○適子庶子見於外寢撫其首咳而名之禮帥初無辭此適子謂世子弟也庶子妾子也外寢君燕寢也無辭辭謂欽有帥記有成也○適丁歷反注及下同○【疏】適子至無辭○正義曰此一節明人君見世子弟及妾子之禮○適子庶子見於外寢者適子謂大子之弟見於外寢庶子則見側室但撫首咳名無辭之事與世子之弟同故與適子連文同云見於外寢其實庶子見於側室也○禮帥初無辭者禮謂威儀也帥循也初謂前文世子生見於路寢君夫人皆西鄉言見適子庶子威儀依循初世子之法但無勑戒之辭然夫人所生之子容可如世子見禮君與夫人俱西鄉若妾之見子則不得與夫人同當與卿大夫之妻見適子同但不親抱子耳○注外寢至成也○正義曰燕寢當在內而云外寢者對側室而爲外耳側室在旁處內故謂燕寢爲外寢也云無辭辭謂欽有帥記有成也者按前世子生直云世婦抱子升自西階君名之乃降亦無辭也而云適子庶子無辭者以前文鄉大夫妻見適子之時既有父執右手咳而名之及戒告之辭其文既具故於見世子之禮略而不言其實世子亦執右手

咳而名之及戒告也故鄭引前文卿大夫見子之辭而言之也○凡名子不以日月不以國終使易諱易以豉反○不以隱疾諱衣中之疾難爲醫也大夫士之子不敢與世子同名尊世子也其先世子生亦勿爲改疏凡名至同名○正義曰此一節論子名之法尊卑上下同有諱辟又大夫士之名子辟世子之名○注其先至爲改○正義曰知先世子生亦勿爲改者按春秋衛襄公名惡其大夫有齊惡明齊惡先衛侯生故得與衛侯同名是知先生者不改也

妾將生子及月辰夫使人日一問之子生三月之末漱澣夙齊見於內寢禮之如始入室君已食徹焉使之特餕遂入御內寢適妻寢也禮謂尸見子夫食而使獨餕也如始入室始來嫁時妾餕夫婦之餘亦如之既見子可以御此謂大夫士之妾也凡妾稱夫曰君○三月之末一本作子生三月之末疏妾將至入御○正義曰此一節論大夫妾生子之禮異於適子之法○君已食徹焉

者君謂夫也以妾賤故謂夫爲君○使之特餕者尋常夫食之後衆妾共餕今以其生子故使之特餕也○注內寢至曰君○正義曰知內寢適妻寢者以其稱內故知是適妻寢也凡宮室之制前有路寢次有君燕寢次夫人正寢卿大夫以下前有適室次有燕寢次有適妻之寢但夫人燕寢對夫人及適妻之寢及側室等其燕寢在外亦名外寢故前注云外寢君燕寢是也云妾餕夫婦之餘亦如之者按昏禮夫婦同牢之後媵餕夫餘御餕婦餘故謂正妻若妾初嫁始來夫婦共食初來之妾特餕其餘今妾已見子之後夫婦共食令生子之妾特餕其餘亦如始來時故云亦如之云既見子可以御此謂大夫士之妾也者以前文大夫之妻見子之後妻遂適夫寢未即進御後始云夫入食如養禮是夫始入與妻食乃後進御此文云見子遂入御故謂云此大夫士之妾也言其異正妻也○公庶子生就側室三月之末其母沐浴朝服見於君擯者以其子見君所有賜君名之衆子則使有司名之擯者傅姆之屬也人君尊雖妾不抱子有賜於君有恩惠也有司臣有事者也魯桓公名子問於申繻也○繻音須

疏公庶至名之○正義曰此一經明君庶子生處及三月見父異於世子之禮前文已云適子庶子見於外寢異於世子今此更重出者以前文庶子與適子連文恐事事皆同適子故以此經特見庶子之法按前注云凡子生皆就側室則世子亦就側室今特云庶子就側室者舉庶子世子可知也○君所有賜君名之者謂生子之妾君所特有恩賜偏所愛幸君則自名其子故云君名之○衆子則使有司名之者衆子謂衆妾之子不特寵御則使有司以名其子也○注人君至縞也○正義曰人君尊雖妾不抱子者以經云其母朝服見於君乃云擯者以其子見於君是擯者抱子也故知妾不抱子引春秋問名於申繻者証有司名之一邊同耳其實異也春秋所云謂世子也○

庶人無側室者及月辰夫出居羣室其問之也與子見父之禮無以異也夫雖辟之至問妾及見子禮同也庶人或無妾

疏庶人至異也○正義曰此一經論庶人之禮○庶人無側室者及月辰夫出居羣室者以無側室妻在夫寢妻將生子故夫出辟之若有側室則妻在側室夫自居正寢不須出居羣室也○其問之也與子見父之禮無以異也者與及也言夫問妻及子見父

之禮無以異於卿大夫士言與卿大夫士同也亦夫使人日再問之作而自問之其見父之時父亦執子之右手咳而名之及有戒告之事一如上矣○凡父在孫見於祖祖亦名之禮如子見父無辭見子於祖家統於尊也父在則無辭有適子者無適孫與見庶子同也父卒而有適孫則有辭與見冢子同父雖卒而庶孫猶無辭也○疏凡父至無辭○正義曰此一節論孫見祖之禮卿大夫以下之事故鄭注云家統於尊所以無辭者若父之於子有傳重之事故有戒告之辭今孫見於祖而隔於父故無辭也○注父在至辭也○正義曰所以無辭者適子既在其孫猶為庶孫無所傳重故云有適子者無適孫與見庶子同若所生適子其父既卒則適孫與長子相似當有辭也故云父卒而有適孫則有辭與見冢子同若庶孫父雖卒見祖亦無辭也○食子者三年而出見於公宮則劬劬勞也士妻大夫之妾食國君之子三年出歸其家君有以勞賜之○食音嗣注及下文食母同勞賜力報反大夫之子有食母選於傳御之中喪服所謂乳母也○士之妻自養其子賤不敢使

人也【疏】「食子」至「其子」○正義曰：此一節論國君以下及大夫士適妻養子之人尊卑有別○由命士以上及大夫之子旬而見旬當爲均，聲之誤也。有時適妾同時生子，子均而見者，以生先後見之。既見乃食，亦辟人君也。易說卦：坤爲均。今亦或作旬也。○旬音均，出注。冢子未食而見，必執其右手；適子庶子已食而見，必循其首。天子諸侯尊別世子，雖同母，禮則異矣。未食已食，急正緩庶之義也。○別，彼列反，下「其別」同。【疏】「由命」至「其首」○正義曰：此一節論大夫及命士適妻與妾同時生子，子見之先後差異之別，并明天子諸侯見冢子及適子庶子緩急之儀。○「旬而見」者，旬，均也。謂大夫命士適妾生子，皆以未食之前均齊見，又先生者先見，後生者後見，雖見有先後，同是未食之前，故云「均而見」。「冢子未食而見，必執其右手」者，此謂天子諸侯之禮。未食，謂未與后夫人禮食而先見冢子，是急於正也，故先見乃食也。○「適子庶子已食而見」者，謂先與后夫人禮食之後，然後始見適子庶子，是緩於庶也。○「必循其首」者，言見適子庶子之時，必以手撫循其頭首，示恩愛之情也。○注「易說卦：坤爲均」○正義曰：引易說卦者，證此經句爲均義按易說卦以坤爲均象地之均平今易之文或以均爲句者是均得爲句也皇氏云母之禮見子象地之生物均平故引易以爲均若然按周禮均人職云上年公旬用三日鄭注亦引易坤爲均豈是母見子之禮皇氏說非也○注天子至世子○正義曰知此經是天子諸侯者以上文命士以上及大夫之子適庶均見此則有食前食後見之不同又前文云世子生其次云適子庶子見於外寢是國君之禮此經亦云適子庶子故知是天子諸侯也○子能

食食教以右手能言男唯女俞男鞶革女鞶絲

俞然也鞶小囊盛帨巾者男用韋女用繒有飾緣之則是鞶裂與詩云垂帶如厲紀子帛名裂繻字雖今異意實同也○食食上如字下音嗣唯于癸反徐以水反俞以朱反鞶步干反盛音成緣于絹反裂音列或音厲與音預厲音列

○【疏】子能至鞶絲○正義曰此一節論男女自幼少之時教之言語及鞶革鞶絲之事也○注鞶小至同也○正義曰此鞶是小囊盛帨巾男用韋爲之女用繒帛爲之云有飾緣之則是鞶裂與者言男女鞶囊之外更有繒帛之物飾而緣之則是春秋桓二年所稱鞶裂者與疑而未定故稱與按傳作鞶厲鄭此注云鞶裂厲裂義同也秖謂鞶囊裂帛

爲之飾又引詩云垂帶如厲者証厲是鞶囊裂帛之飾也此詩小雅都人士之篇也按彼注云而如也而厲如鞶厲也鞶必垂厲以爲飾厲字當作裂謂彼都之士垂此紳帶如似鞶囊之裂是以厲爲裂也又引紀子帛名裂繻者雖引毛詩以厲爲裂其義未顯故引紀子帛名裂繻者以証之言帛必分裂也此隱二年經稱紀子帛莒子盟于密又紀裂繻來逆女云字雖今異意實同也者言古時厲裂通爲一字今時厲裂字義俱異大意是同故云字雖今異意實同言同爲分裂之義也此是鄭康成之義若如服虔杜預則以鞶爲大帶厲是大帶之垂者故服氏云鞶大帶杜云紳大帶厲是大帶之垂者詩毛傳亦云厲帶之垂者並與鄭異○六年教之數與方名方名東西七年男女不同席不共食蚤其別也八年出入門戸及即席飲食必後長者始教之讓示以廉恥後胡豆反○九年教之數日朔望與六甲也○數所主反○十年出就外傅居宿於外學書記衣不帛襦袴禮帥初朝夕學

幼儀請肄簡諒外傅教學之師也不用帛爲襦袴爲大温傷陰氣也禮帥初遵習先日所爲也肄習也諒信也請習簡謂所書篇數也請習信謂應對之言也○襦字又作襦音儒袴苦故反肄本又作肄同以二反大音泰勺章略反注同十有三年學樂誦詩舞勺成童舞象學射御先學勺後學象文武之次也成童十五以上○二十而冠始學禮可以衣裘帛舞大夏惇行孝弟博學不教內而不出大夏樂之文武備者也內而不出謂人之謀慮也○冠古亂反衣於既反行如字又下孟反弟音悌三十而有室始理男事博學無方孫友視志室猶妻也男事受田給政役也方猶常也至此學無常在志所好也孫順也順於友視其所志也○孫音遜注同好呼報反○四十始仕方物出謀發慮道合則服從不可則去方猶常也物猶事也○去如字五十命爲大夫服官政

統一官之政也。**七十致事**致其事於君而告老。○**凡男拜尚左手**左陽

【疏】六年至左手○正義曰此一節論男子教之從幼及長居官至致事之事衣不帛襦袴者謂不以帛爲襦袴○禮帥初者帥循也行禮動作皆帥循初日所爲○朝夕學幼儀者言從朝至夕學幼少奉事長者之儀請肄簡諒者肄習也簡禮篇章也諒信也謂言語信實言請長者習學篇章簡禮及應對信實言語也○舞勺者熊氏云勺篇也言十三之時學此°舞籥°之文舞也○成童舞象者成童謂十五以上舞象謂舞武°也熊氏云謂用干戈之小舞也以其年尚幼故習文武之小舞也○可以衣裘帛者二十成人血氣強盛無慮傷損故可以衣裘帛也○舞大夏者大夏是禹樂禪代之後在干戈之前文武俱備故二十習之也博學不教者唯須廣博學問不可爲師教人○內而不出者唯蘊畜其德在內而不得出言爲人謀慮始理男事者三十丁壯受其田土供給征役始理男事故韓詩說三十受兵若口率出泉國中則二十野則十五也孫友視志者言孫順朋友視其志意所尚○四十始仕方°物出謀發慮者方常也物事也言年壯仕宦行其常事无°謙孫出其謀計發其思慮以爲國也○**女子十年不出**恒居內也**姆教婉**

婉聽從（婉謂言語也娩之言媚也媚謂容貌也○婉紆晚反徐紆願反娩音晚徐音萬）執麻枲治絲繭織紝組紃學女事以共衣服（紃絛○枲思里反繭古典反紝女金反又如林反組音祖紃音巡共音恭絛他刀反）觀於祭祀納酒漿籩豆菹醢禮相助奠（當及女時而知○相息亮反○）十有五年而笄（謂應年許嫁者女子許嫁笄而字之其未許嫁二十則笄○應應對之應）二十而嫁有故二十三年而嫁（故謂父母之喪）聘則爲妻（聘問也妻之言齊也以禮則問則得與夫敵體）奔則爲妾（妾之言接也聞彼有禮走而往焉以得接見於君子也奔或爲衒○見賢遍反衒古縣字本又作御字魚據反）凡女拜尚右手（右陰也○）

〔疏〕女子至右手○正義曰此一節論女子自幼及嫁爲女事之禮○注婉謂至貌也○正義曰按九嬪注云婦德貞順婦言辭令婦容婉娩婦功絲枲則婉娩合爲婦容此分婉爲言語娩爲容貌者鄭意以此上下備其四德以婉爲婦言娩爲婦容聽從爲婦順

執麻枲以下爲婦功○注紃絛○正義曰組紃俱爲絛也紝爲繒帛故杜注左傳紝謂繒帛皇氏云組是綬也然則薄闊爲組似繩者爲紃○注當及女時而知○正義曰下云十有五年而笄此觀於祭祀是未嫁之前故云及女時而知經云納酒漿籩豆菹醢謂於祭祀之時觀看須於廟外納此酒漿籩豆菹醢之等置於神坐一納之文包此六事言之也○聘則爲妻者妻齊也奔則爲妾者妾接也接見於君子也女拜尚右手者右陰也漢時行之也○

附釋音禮記注疏卷第二十八

清嘉慶二十年重刊
宋本十三經注疏

江西南昌府學栞

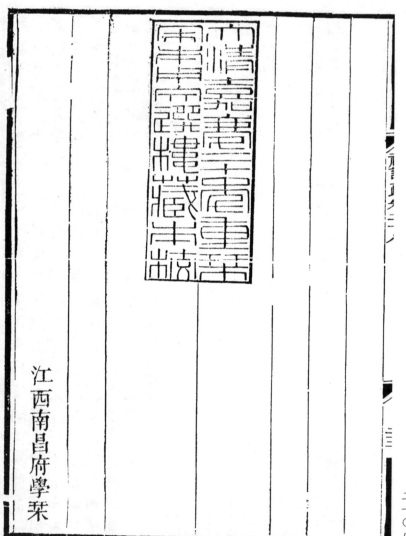

禮記注疏卷二十八挍勘記　阮元撰盧宣旬摘錄

内則

膾春用葱節　惠棟挍云宋本分不食雛鼈以下至柤梨曰攢之爲一節牛夜鳴以下至鹿胃爲一節肉腥以下至柔之爲一節羹食以下爲一節

春用葱　石經同岳本同嘉靖本同衛氏集說同閩監毛本葱作蔥下葱字同

膏用薤　閩監本同石經同岳本同衛氏集說同惠棟挍宋本宋監本毛本薤並作韰嘉靖本同釋文出用韰云俗本多作薤非也浦鏜挍云薤當從毛本作韰

鶉羹雞羹　各本同石經同釋文出鶉雞羹云本又作鶉羹雞羹

狸去正脊　閩監毛本同嘉靖本同衛氏集說同石經狸作貍岳本同惠棟挍宋本同宋監本同

兔去尻　石經同岳本同嘉靖本同釋文亦作尻閩監毛本尻誤凥衛氏集說同

柤梨曰攢之　閩監本同石經同嘉靖本同衛氏集說同毛本梨作黎岳本同

烏鷉色而沙鳴　各本同石經同釋文出鷉云本又作鸕

鴮鸆䴉䳼也　閩監毛本同岳本同嘉靖本同衛氏集說同考文引古本䳼作䴘釋文亦作䴘段玉裁挍云䳼作䴘者誤

膾春至無蓼　惠棟挍宋本無此五字

數數布陳撰省視之　閩本同惠棟挍宋本同監毛本陳作揀衛氏集說同

牛夜至鹿胃　惠棟挍宋本無此五字

牛好夜鳴　惠棟挍宋本有好字衛氏集說同此本好字脫閩監毛本同

猶比於驪姬之惡也　閩監毛本同惠棟挍宋本猶作猶

在野舒翼飛遠者爲鵝雁　閩監毛本同段玉裁挍本鵝改

或曰至隶之 惠棟挍宋本無此五字

羹食至坫一 惠棟挍宋本無此五字

凡養老有虞氏以燕禮節

凡養至養老 惠棟挍宋本無此五字

曾子曰節

曾子至八乎 惠棟挍宋本無此五字

凡養老五帝憲節

惇史史惇厚是也 閩監毛本同岳本是作者嘉靖本同考文引補本古本足利本同惠棟挍宋本亦作者惇厚作孝厚宋監本同浦鏜從大雅行葦疏挍是亦改者通典六十七引此注作惇史史孝厚者也

凡養至惇史 惠棟挍宋本無此五字

淳熬節 惠棟挍云淳熬節炮取豚節擣珍節爲熬節糝取牛節宋本合爲一節

淳毋 閩本同石經同岳本同嘉靖本同衞氏集說同監毛本毋誤母注疏放此石經考文提要云按正義毋是禁辭非膳羞之體故讀從模宋本九經南宋巾箱本並作毋

淳熬至淳毋 惠棟挍宋本無此五字

使其湯 各本同石經同釋文出使湯云一本作使其湯

將當爲牂牂牡羊也 閩監毛本同岳本同嘉靖本同衞氏集說同惠棟校宋本牂牂牡作牂牂牝宋監本同考文引古本足利本牡亦作牝

汁和亦醓醢與 各本同釋文出醓臾是釋文本無醢字

湛諸美酒 各本同釋文亦作湛石經湛闕筆作湛顧炎武云避敬宗諱

正義曰炮取豚若將者 惠棟挍宋本無正義曰三字

或取豚或取牂　閩本同惠棟按宋本同監毛本牂作牂下豚牂牂聲則此牂並同

小鼎盛膏以膏煎豚牂　閩監毛本同浦鏜從衛氏集說膏煎改煎熬

此周禮糝食也　各本同釋文糝作糂

舉燋其骨　各本同石經同釋文出舉焦云字又作燋

以與稻米為酏　各本同石經同釋文出為酏段玉裁云經文酏字鄭時本作䬸周官醢人注引內則正作䬸字正義引襍問志云內則䬸次糝又云內則有䬸無酏周禮有酏無䬸明酏䬸是一故破酏從䬸然則周禮注本作酏當為䬸今脫當為二字而內則䬸字淺人改為酏字不知注內此酏正謂周禮酏字而誤會也又云糗餌粉酏注云此酏當為䬸以稻米與狼臅膏為䬸是也本篇更可證記文酏字之誤注此酏當從䬸此字賸謂周禮之酏當從內則作䬸前注云此酏者以別于黍酏也

正義曰三如一者　惠棟按宋本無正義曰三字

禮始於謹夫婦節

男女不同椸枷　各本同石經同釋文出同椸云本又作椸

年未滿五十　各本同石經同釋文出年未五十云本又作年未滿五十

禮始至當夕　惠棟挍宋本無此五字

妻將生子節

側室謂夾之室次燕寢也　閩監毛本同嘉靖本同衞氏集說同惠棟挍宋本夾作夫岳本同考文引古本同通典六十八亦作夫之室

妻將至女否　惠棟挍宋本無此五字

國君世子生節

國君至食子　惠棟挍宋本無此五字

凡接子擇日節

凡接至一等　惠棟按宋本無此五字

異爲孺子室於宮中節

必求其寬裕慈惠　閩監本同石經同衛氏集說同毛本裕誤裕岳本同嘉靖本同

異爲至不往　惠棟按宋本無此五字

三月之末節　惠棟按云三月之末節姆先相節宋本合爲一節

夾囟曰角　惠棟按宋本同岳本同嘉靖本同閩監本囟作囟衛氏集說同考文引古本足利本同釋文出夾囟毛本囟誤自盧文弨云作囟是○按依說文當作囟其字象小兒腦不合段玉裁曰說文人部兒下亦云从儿上象小兒頭腦未合也九經字様云說文作囟隸變作囟今字多譌作囟所謂象小兒腦不合者不可見矣

三月至東面　惠棟按宋本無此五字

云夾囟曰角者惠棟挍宋本同閩監毛本囟作囱下囟是首腦夾囟兩旁並同

故說文云十其字象小兒腦不合也閩監毛本同衞氏集說同段玉裁挍十改兒

姆先相曰節

咳而名之閩監毛本同石經同岳本同嘉靖本同衞氏集說同惠棟挍宋本咳作孩釋文出孩而云字又作咳讀書脞録續編云按孝經聖治章疏引內則孩而名之說文云孩小兒笑也謂指其頤下令其笑而爲之名當作孩爲是衆經音義九云咳古文作孩按孫志祖說是也通典六十八引亦作孩而名之

姆先至適寢○正義曰惠棟挍宋本無正義曰三字

世子生節惠棟挍云世子生節適子節宋本合爲一節

世子至乃降惠棟挍宋本無此五字

則少牢禮髮鬄是也　惠棟挍宋本髮作髲此本誤閩監毛本同衞氏集說同浦鏜云經文作被錫注云讀爲髲鬄○按段玉裁云髲鬄當作髲鬄

適子庶子節

適子至無辭○正義曰　惠棟挍宋本無正義曰三字

凡名子節

諱衣中之疾難爲醫也　閩監毛本同岳本同嘉靖本同衞氏集說同通典六十八引作諱衣中之疾難以醫也

凡名至同名　惠棟挍宋本無此五字

此一節論子名之法子　閩監毛本同衞氏集說子名作名

妾將生子節

妾將至入御 惠棟挍宋本無此五字

但夫人燕寢 閩監毛本同惠棟挍宋本人作之衛氏集說亦作之

子能食食節

子能至鞶絲 惠棟挍宋本無此五字

謂彼都人之士垂此紳帶 惠棟挍宋本有人字此本人字脫閩監毛本同

六年教之數節

學書記 毛本同嘉靖本同閩監本記作計惠棟挍宋本同石經同岳本同衛氏集說同考文引古本足利本同記字誤也

請肄簡諒 各本同石經同釋文出請肆云本又作肄

左陽 閩監本同岳本同嘉靖本同考文引古本同毛本陽下衍也字

六年至左手　惠棟挍宋本無此五字

熊氏云勺篇也　閩監本篇改籥是也惠棟挍宋本同毛本勺籥誤一篇

學此舞籥之文舞也　閩監本作籥考文引宋板同衛氏集說同此本籥字闕毛本籥作勺

舞象謂舞武也　考文引宋板同閩監毛本舞武作武舞衛氏集說同

无謙孫　惠棟挍宋本无作無無下有所字衛氏集說同通解同此本誤脱閩監毛本無所誤要字

女子十年不出節

以禮則問　惠棟挍宋本則作見宋監本同岳本同嘉靖本同通解同考文引補本古本足利本同閩監毛本作聘衛氏集說同

女子至右手　惠棟挍宋本無此五字

附釋音禮記注疏卷第二十八終　惠棟挍宋本此下標禮記正義卷第三十八終記云

凡二十七頁宋監本禮記卷第八經六千六百八十三字注七千一百七字嘉靖本禮記卷第八六千七百四十三字注七千三十三字

禮記注疏卷第二十八挍勘記

附釋音禮記注疏卷第二十九

玉藻第十三。陸曰鄭云以其記服冕之事也冕之旒以藻紃貫玉爲飾故以名之 疏

正義曰按鄭目録云名曰玉藻者以其記天子服冕之事也冕之旒以藻紃爲之貫玉爲飾此於别録屬通論

禮記　鄭氏注　孔穎達疏

天子玉藻十有二旒前後邃延龍卷以祭祭先王之服也雜采曰藻天子以五采藻爲旒旒十有二前後邃延者言皆出冕前後而垂也天子齊肩延冕上覆也玄表纁裏龍卷畫龍於衣字或作袞。藻本又作璪音早旒力求反邃雖醉反深也注同延如字徐餘戰反字林作綖弋善反卷音袞古本反注同。玄端而朝日於東門之外聽朔於南門之外閏月則闔門左扉立于其中端當爲冕字之誤也玄衣而冕冕服之下朝日春分之時也東門南門皆謂國門也天子廟及路寢皆如明堂制明堂在國之陽每月就其時

之堂而聽朔焉卒事反宿路寢亦如之閏月非常月也聽其朔於明堂門中還處路寢門終月凡聽朔必以特牲告其帝及神配以文王武王○端音冕出注下諸侯玄端同朝直遥反篇内除下注朝之餘皆同闔胡獵反扉音非一本作則闔門左扉

【疏】天子至其中○正義曰從天子玉藻至食無樂此一節揔論天子祭廟朝日及日視朝并饌食牲牢酒醴及動作之事并明凶年貶降之禮○天子玉藻○玉藻者藻謂雜采之絲繩以貫於玉以玉飾藻故云玉藻也○十有二旒者天子前之與後各有十二旒故云○前後邃延○者言十二旒在前後垂而深邃以延覆冕上故云前後邃延○龍卷以祭者卷謂卷曲畫此龍形卷曲於衣以祭宗廟○注祭先至作衮正義曰知祭先王之服者以司服云享先王則衮冕故也云天子齊肩者以天子之旒十有二就每一就貫以玉就間相去一寸則旒長尺二寸故垂而齊肩也言天子齊肩則諸侯以下各有差降則九玉者九寸七玉者七寸以下皆依旒數垂而長短爲差旒垂五采玉依飾射侯之次從上而下初以朱次白次蒼次黃次玄五采玉既貿徧周而復始其三采者先朱次白次蒼二色者先朱後綠皇氏沈氏並爲此說今依用焉後至漢明帝時用曹褒之說皆用白旒珠與古異也云延冕上覆也者用三十升之布染之爲玄覆於冕上出而前

後冕謂以板爲之以延覆上故云延冕上覆也但延之與板相著爲一延覆在上故云延冕也故弁師注延冕之覆在上是以名焉與此語異而意同也皇氏以弁師注延冕延之覆在上以弁師經有冕文故先云冕延之覆在上此經唯有延文故解云延冕上覆今删定諸本弁師注皆云延冕之覆在上皇氏所讀本不同者如皇氏所讀弁師冕延之覆在上是解冕不解延今按弁師注意云延冕之覆在上是解延不解冕也皇氏說非也云玄表纁裏者纁是朱之小別故周禮鍾氏云三入爲纁鄭注士冠禮云朱則四入與是纁朱同類故注弁師朱裏與此不異云字或作衮者按司服作衮字故云或作衮是字或作衮也但禮記之本或作卷字其正經司服及覲禮皆作衮字故鄭注王制云卷俗讀其通則曰衮是也其六冕玉飾上下貴賤之殊並已具王制疏於此略而不言○注端當至武王○正義曰知端當爲冕者凡衣服皮弁尊次以諸侯之朝服次以玄端按下諸侯皮弁聽朔朝服視朝是視朝之服卑於聽朔今天子皮弁視朝若玄端聽朔則是聽朔之服卑於視朝與諸侯不類且聽朔大視朝小故知端當爲冕謂玄冕也是冕服之下按宗伯實柴祀日月星辰則日月爲中祀而用玄冕者以天神尚質按魯語云大采朝日少采夕月孔晁云大采謂衮冕少采謂黼衣而用玄冕者孔氏

之說非也故韋昭云大采謂玄冕也少采夕月則無以言之云朝日春分之時也者以春分日長故朝之然則夕月在秋分也按書傳略說云祀上帝於南郊即春迎日於東郊彼謂孟春與此春分朝日別朝事儀云冕而執鎮圭帥諸侯朝日於東郊此云朝日於東門者東郊在東門之外遙繼門而言之也云東門南門皆謂國門也者以朝事儀云朝日東郊故東門是國城東郊之門也孝經緯云明堂在國之陽又異義淳于登說明堂在三里之外七里之內故知南門亦謂國城南門也云天子廟及路寢皆如明堂制者按考工記云夏后氏世室鄭注云謂宗廟殷人重屋注云謂正寢也周人明堂鄭云三代各舉其一明其制同也又周書亦云宗廟路寢明堂其制同文按明堂位大廟天子明堂魯之大廟如明堂則知天子大廟亦如明堂也然大廟路寢既如明堂則路寢之制上有五室不得有房而顧命有東房西房又鄭注樂記云文王之廟爲明堂制按覲禮朝諸侯在文王廟而記云凡侯于東箱者鄭荅趙商云成王崩時在西都文王遷豐鎬作靈臺辟廱而已其餘猶諸侯制度焉故知此喪禮設衣物有夾有房也周公攝政制禮作樂乃立明堂於王城如鄭此言是成王崩時路寢猶如諸侯之制故有左右房也覲禮在文王之廟而記云几侯于東箱者是記人之說誤耳或可文王之

廟不如明堂制但有夫人西房故魯之大廟如文王廟明堂

經云君卷晃立于阼東房西房

王之廟如明堂制其有戶制之字者誤也然則西房故

按詩斯干云路寢之制如明堂西南其戶制

鎬京問而鄭云路寢之制如明堂是宮室既如周公祀文

而成如王崩於鎬之寢先王崩時因先王之後所營宮室至康王

之命致天子如制度王子如制度言鎬京承先王制于土中洛誥云王入大室裸是周公所

營制依路之寢制王宣路之寢制也宣王崩時招我由房不復如周公

然度宣下之路之後中寢所用禮男子說熊氏云平王有微弱右招我由房劉氏鄭云若張

逸云下路之寢制如明度不王之能承亂之左右房者不復如周子所

路之後明路寢至則宣王王承亂又不能裸是周公顧疑在制

有堂九所室有明堂制今如房也男如明而堂能承因先王舊宮室至康王還依天公祀

下方所以朝諸侯其外牖名曰碑下方明堂十月令以說草盖古屋上圓凡謂張

三丈東西九室有明堂四戶其外牖三載十六戶明堂月令十二室牖以草云明

九仞在南北七里近郊三里講學大夫淳于室登說明入

室九仞在國之陽丙已之地三里之外七里之內而祀之就陽位

堂圓下方八窓四闥布政之宮周公祀文王於明堂以配上

帝上帝五精之帝大微之庭中有五帝座星其古周禮孝經說明堂文王之廟夏后氏世室殷人重屋周人明堂東西九筵筵九尺南北七筵堂崇一筵五室凡室二筵蓋之以茅謹按今禮古禮各以其義說說無明文以知之玄之聞也禮戴所云雖出盛德記及其下顯與本異章九室三十六戶七十二牖似秦相呂不韋作春秋時說者所益非古制也四堂十二室字誤本書云九室十二堂淳于登之言取義於援神契援神契說宗祀文王於明堂以配上帝曰明堂者上圓下方八窻四闥布政之宮在國之陽帝者諦也象上可承五精之神五精之神實在大微於辰爲巳是以登云然今說立明堂於巳由此爲也水木用事交於東北木火用事交於東南火土用事交於中央金土用事交於西南金水用事交於西北周人明堂五室帝一室合於數如鄭此言是明堂用淳于登之說禮戴說而明堂辟廱是一古周禮孝經說以明堂爲文王廟又僖五年公既視朔遂登觀臺服氏云人君入大廟視朔告朔天子曰靈臺諸侯曰觀臺在明堂之中又文二年服氏云明堂祖廟並與鄭說不同者按王制云小學在公宮南之左大學在郊又云天子曰辟廱辟廱是學也不得與明堂同爲一物又天子宗廟在雉門之外孝經緯云明堂在國之陽又此云聽朔於南門之外是明堂與祖廟別處不得爲一

也孟子云齊宣王問曰人皆謂我毀明堂孟子對曰夫明堂者王者之堂也王欲行王政則勿毀之矣是王者有明堂諸侯以下皆有廟又知明堂非廟也以此故鄭皆不用具於鄭駁異義也云每月就其時之堂而聽朔焉者月令孟春居青陽左个仲春居青陽大廟季春居青陽右个以下所居各有其處是每月就其時之堂也云卒事反宿路寢亦如之者路寢既與明堂同制故知反居路寢亦如明堂每月異所反居路寢謂視朔之一日也其餘日即在燕寢視朝則恒在路門外也云閏月非常月也者按文六年云閏月不告月猶朝于廟公羊云不告月者何不告朔也曷爲不告朔天無是月也閏月矣何以謂之天無是月是月非常月也何休云不言朔者閏月無告朔禮也穀梁之義與公羊同左氏則閏月當告朔按異義公羊說每月告朔朝廟至于閏月不以朝者閏月殘聚餘分之月無政故不以朝經書閏月猶朝廟譏之左氏說閏以正時時以作事事以厚生生民之道於是乎在不告閏朔棄時政也許君謹按從左氏說不顯朝廟告朔之異謂朝廟而因告朔故鄭駁之引堯典以閏月定四時成歲閏月當告朔又云說者不本於經所譏者異其是與非皆謂朝廟而因告朔似俱失之朝廟之經在文六年冬閏月不告月猶朝於廟辭與宣三年春郊牛之口傷改卜牛牛死乃不郊猶

三望同言猶者告朔然後當朝廟郊然後當三望今廢其大
存其細是以加猶譏之論語曰子貢欲去告朔之餼羊周禮
有朝享之禮祭然則告朔與朝廟祭異亦明矣如此言從左
氏說又以先告朔而後朝廟鄭以公羊閏月不告朔爲非以
左氏告朔爲是二傳皆以先朝廟而因告朔二者皆失故鄭
云其是與非皆謂朝廟而因告朔俱失之也鄭必知告朔與
朝廟異者按天子告朔於明堂其朝享從祖廟下至考廟故
祭法云曰考廟曰王考廟皆月祭之是也又諸侯告朔在太
廟而朝享自皇考至考故祭法云諸侯自皇考以下皆月祭
之是告朔與朝廟不同又天子告朔以特牛諸侯告朔以羊
其朝享各依四時常禮故用大牢故司尊彝朝享之祭用虎
彝蜼彝大尊山尊之等是其別也云聽其朔於明堂門中還
處路寢門終月者以閏非常月無恒居之處故在明堂門中
按太史云閏月詔王居門終月是還處路寢門終月謂終竟
一月所聽之事於一月中耳於尋常則居燕寢也故鄭注大
史云於文王在門謂之閏是閏月聽朔於明堂門反居路寢
門皇氏云明堂有四門即路寢亦有四門閏月各居其時當
方之門義或然也云凡聽朔必以特牲告其帝及神配以文
王武王者論語云告朔之餼羊注曰天子特牛與以其告朔
禮略故用特牛按月令每月云其帝其神故知告帝及神以

其在明堂之中故知配以文王武王之主亦在明堂以汎配五帝或以武王配五神於下其義非也皮弁以日視朝遂以食日中而餕奏而食日少牢朔月大牢餕食朝之餘也奏奏樂也○餕音俊五飲上水漿酒醴酏上水水爲上餘其次之○酏以支反卒食玄端而居天子服玄端燕居也動則左史書之言則右史書之其書春秋尚書其存者御瞽幾聲之上下瞽樂人也幾猶察也察其哀樂○瞽音古上時掌反哀樂音洛年不順成則天子素服乘素車食無樂自貶損也

疏皮弁至無樂○正義曰此一節明天子每日視朝皮弁食之禮遂以食者既著皮弁視朝遂以皮弁而朝食所以敬養身體故著朝服○日中而餕者至日中之時還著皮弁而餕朝之餘食○奏而食者言餕餘之時奏樂而食餕尚奏樂而食餕尚奏樂即朝食奏樂可知也○朔月大牢者以月朔禮大故加用大牢按鄭志趙商問膳夫云王日一舉鼎十有二物皆有俎有三牲備商按玉藻

天子之食日少牢朔月大牢禮數不同請問其說鄭荅云禮記後人所集據時而言或諸侯同天子或天子與諸侯等所施不同故鄭據王制之法與周異者多當以經爲正如鄭此言記多錯雜不與經同按王制云諸侯無故不殺牛及楚語云天子舉以大牢祀以會孔晁云四方來會助祭也又云諸侯舉以特牛祀以大牢大夫舉以特牲祀以少牢士食魚炙祀以特牲庶人食菜祀以魚此等與周禮及玉藻或合或否異人之說皆不可以禮論按周禮大司樂云王大食令奏鐘鼓鄭注云大食朔月月半是也周禮六飲此以下五飲亦非周法也○注其書至存者○正義曰經云動則左史書之春秋是動作之事故以春秋當左史所書左陽陽主動故記動經云言則右史書之尚書記言誥之事故以尚書當右史所書右是陰陰主靜故也春秋雖有言因動而言其言少也尚書雖有動因言而稱動亦動爲少也周禮有五史有內史外史大史小史御史無左史右史之名者熊氏云按周禮大史之職云大師抱天時與大師同車又襄二十五年傳曰大史書曰崔杼弒其君是大史記動作之事在君左廂記事則大史爲左史也按周禮內史掌王之八枋其職云凡命諸侯及孤卿大夫則策命之僖二十八年左傳曰王命內史叔興父策命晉侯爲侯伯是皆言誥之事是內史所掌在君之右故

爲右史是以酒誥云矧大史友内史友鄭注大史内史掌記言記行是内史記言大史記行也此論正法若其有闕則得交相攝代故洛誥史逸命周公伯禽服虔注文十五年傳云史佚周成王大史襄三十年鄭使大史命伯石爲卿皆大史主爵命以内史闕故也以此言之若大史有闕則内史亦攝之按覲禮賜諸公奉篋服大史是右者彼亦宣行王命故居右也此論正法若春秋之時則特置左右史官故襄十四年左史謂魏莊子昭十二年楚左史倚相藝文志及六藝論云右史紀事左史記言與此正反於傳記不合其義非也○御瞽幾聲之上下○御者侍也以瞽人侍側故云御瞽幾聲之上下幾察也瞽人審音察樂聲上下哀樂若政和則樂聲樂政酷則樂聲哀察其哀樂防君之失○天子素服乘素車者此由年不順成則天子恒素服素車食無樂也若大札大災則亦素服故司服云大札大荒大裁素服此是天子諸侯罪己之義故素服此素服者謂素衣故下文諸侯年不順成君衣布與此互文也若其臣下即不恒素服唯助君禱請之時乃素耳故司服云士服玄端素端注云素端者爲札荒有所禱請也

○**諸侯玄端以祭** 祭先君也端亦當爲冕字之誤也諸侯祭宗廟之服唯魯與天子同

裨冕以朝 朝天子也裨冕公衮

侯伯鷩子男毳也○裨婢支反鷩必列反毳昌銳反 皮弁以聽朔於大廟 皮弁下天子也○大音泰後大廟同下戶嫁反 朝服以日視朝於內朝 朝服冠玄端素裳也此內朝朝路寢門外之正朝也天子諸侯皆三朝 朝辨色始入 羣臣也入入應門也辨猶正也別也○辨如字徐扶免反別彼列反 君日出而視之退適路寢聽政使人視大夫大夫退然後適小寢釋服 小寢燕寢也釋服服玄端 又朝服以食特牲三俎祭肺 食必復朝服所以敬養身也三俎豕魚腊○復扶又反 夕深衣祭牢肉 祭牢肉異於始殺也天子言日中諸侯言夕天子言餕諸侯言祭牢肉互相挾○挾戶頰反 朔月少牢五俎四簋 五俎加羊與其腸胃也朔月四簋則日食粱稻各一簋而已○簠音甫本或作簋腸也音胃 子卯稷食菜羹 忌日貶也○食音嗣 夫人與君同庖 不特殺也○庖步交反徐扶交反下同○疏諸侯至同

庖○正義曰此一節論諸侯自祭宗廟及朝天子自視朝食
飲牢饌之禮與天子不同之事○注祭先至子同○正義曰
知祭先君者與上天子龍卷以祭其文相類故知祭先君也
云端亦當爲冕者以玄端賤於皮弁下文皮弁聽朔於大廟
不應玄端以祭先君故知亦當爲玄冕云唯魯與天子同者
按明堂位云君卷冕立于阼夫人副褘立于房中是也熊氏
云此謂祭文王周公之廟得用天子之禮其祭魯公以下則
亦玄冕故公羊云周公白牡魯公騂犅羣公不毛是魯公以
下與周公異也二王之後祭其先王亦是用以上之服二王
之後不得立始封之君廟則祭微子以下亦玄冕○注朝天
至毳也○正義曰知朝天子者按覲禮云侯氏裨冕鄭注裨
之爲言埤也天子六服大裘爲上其餘爲埤是以揔云裨冕
○注皮弁下天子也○正義曰以天子用玄冕諸侯用皮弁
故云下天子也此諸侯聽朔於大廟熊氏云周之天子于洛
邑立明堂唯大事帝就洛邑耳其每月聽朔當在文王廟也
以文王廟爲明堂制故也此聽朔於大廟穀梁傳云諸侯受
乎禰廟與禮乖非也凡每月以朔告神謂之告朔即論語云
告朔之餼羊是也則于時聽治此月朔之事謂之聽朔此玉
藻文是也聽朔又謂之視朔文十六年公四不視朔是也告
朔又謂之告月文六年閏月不告月是也行此禮天子於明

堂諸侯於大祖廟訖然後祭於諸廟謂之朝享司尊彝云朝
享是也又謂之朝廟文六年云猶朝于廟是也又謂之朝正
襄二十九年釋不朝正于廟是也又謂之月祭祭法云皆月
祭之是也○注朝服至三朝○正義曰按王制云周人玄衣
而養老注云玄衣素裳天子之燕服爲諸侯朝服彼注云玄
衣則此玄端也若以素爲裳則是朝服此朝服素裳皆得謂
之玄端故論語云端章甫注云端玄端諸侯朝服若上士以
玄爲裳中士以黄爲裳下士以雜色爲裳天子諸侯以朱爲
裳則皆謂之玄端不得名爲朝服也云此内朝路寢門外之
正朝也者以下文云君日出而視之退適路寢故知此路寢
門外朝也云天子諸侯皆三朝者大僕云掌燕朝之服位注
云燕朝朝於路寢之庭是一也司士云正朝儀之位注云此
王日視朝事於路門外是二也朝士云掌外朝之灋注云外
朝在庫門之外皐門之内是三也諸侯三朝者文王世子云
公族朝於内朝路寢朝是一也世子又云其在外朝司士爲
之與此視朝於内朝皆謂路寢門外每日視朝是二也此但
云内朝對中門外朝謂爲内也文王世子云外朝者對路寢
庭爲外此據路寢門外而稱内朝明知中門之外別更有朝
也諸侯三門是中門外大門内又有外朝是三朝也已具於
文王世子疏○注羣臣至門也○正義曰應門之内則路門

之外謂尋常諸侯中門爲應門外有臯門若魯則庫雉路入
者則入雉門也○注釋服服玄端○正義曰此經文據君故
服玄端也若卿大夫釋服服深衣也○注食必至魚腊○正
義曰此經云朝服以食謂釋服之後將食之時又者又如朝
時服朝服以食然則上天子云遂以食者亦退於小寢釋服
至將食之時又朝服互相明也云三俎豕魚腊者約特牲禮
故知豕魚腊也○注祭牢至相挾○正義曰早起初殺之時
將食先祭肺以周人重肺至夕將食之時切牢肉爲小段而
祭之故云異於始殺也云互相挾者以天子言日中諸侯亦
當有日中諸侯言夕則天子亦言夕天子言餕則諸侯亦餕
諸侯言祭牢肉則天子亦祭牢肉以諸侯之夕挾天子日中
故云互相挾○注五俎至而已○正義曰知五俎加羊與其
腸胃者約少牢禮五俎但少牢祭神加羊與膚爲五此皆人
君所食無膚而有腸胃也云朔月四簋則日食粱稻各一簋
而已者以朔月四簋故知日食二簋以粱稻美物故知各一
簋詩云每食四簋注云四簋黍稷稻粱是簋盛稻粱也且此
文諸本皆作簋字皇氏以注云稻粱以簠宜盛稻粱故以四
簋爲四簠未知然否以此而推天子朔月大牢當六簋黍稷
稻粱麥苽各一簋若盛舉則八簋故小雅陳饋八簋當加以
稻粱也按公食大夫禮簠盛稻粱此用簋者以其常食異於

禮食又禮食其數更多故公食下大夫黍稷六簋上大夫八簋其稻粱上下大夫俱兩簋又聘禮饔餼上大夫堂上八簋東西夾各六簋是其數多也其諸侯按掌客上公簋十侯伯八子男六簋則俱同十二其祭禮則天子八簋故祭統云八簋之實注云天子之祭八簋然則諸侯六簋祭統諸侯禮云四簋黍稷者見其偏於廟中不云六簋二簋留之厭故也大夫祭則當四敦少牢禮是也士則二敦特牲禮是也其諸侯與大夫食亦四簋故秦詩云每食四簋熊氏更說卿大夫以下日食及朔食牲牢及敦數多少上下差別並無明據今皆略而不言也○注忌日貶也○正義曰紂以甲子死桀以乙卯亡以其無道被誅後王以爲忌日稷食者食飯也以稷穀爲飯以菜爲羹而食之故云忌日貶也○注不特殺也○正義曰諸侯夫人與君同庖則后亦與王同庖舉諸侯天子可知

君無故不殺牛大夫無故不殺羊士無故不殺犬豕故謂祭祀之屬君子遠庖廚凡有血氣之類弗身踐也踐當爲翦聲之誤也翦猶殺也○遠于萬反踐音翦子餞反出注○至于八月不雨君不舉爲旱變也此謂建子之月

不雨至建未月也春秋之義周之春夏無雨未能成災至其秋秀實之時而無雨則雩雩而得之則書雩喜祀有益也雩而不得則書旱明災成也○爲于僞反　君無至不舉○下皆爲猶爲明爲爲失皆同夏戸嫁反　疏　正義曰自此以下終篇未或論天子或論諸侯或論大夫士所爲尊卑之異隨文爲義無復摠科今各隨文解之○注故謂祭祀之屬○正義曰此君非一據作記之時言之此君得兼天子以天子日食少牢若據周禮正法言之此君唯據諸侯以天子日食大牢無故得殺牛也大略此文謂諸侯也○大夫無故不殺羊者亦諸侯大夫也若天子大夫有故得殺牛故知此據諸侯大夫言祭祀之屬者若待賓客饗食亦在其中故云祭祀之屬○注踐當爲翦○正義曰此謂尋常若祭祀之事則身自爲之故楚語云禘郊之事天子自射其牲又封羊擊豕是也○注爲旱至成也○正義曰此謂建子之月至建未月也者按文公十年自正月不雨至于秋七月傳云不曰旱不爲災者據周正言之既言秋七月不雨云不爲災明八月不雨則爲災此據文十年自正月不雨故云謂建子之月也按僖公三年傳云自十月不雨至于五月不曰旱不爲災文十三年自正月不雨至於秋七月此經直云至于八月不雨不云初不雨之月鄭必知自建子之月者以周之歲首陽氣生養

之初又文十年有自正月不雨之文故據而爲說云雩而得之則書雩喜祀有益也雩而不得則書旱明災成也者按僖十一年穀梁傳云得雨曰雩不得雨曰旱范甯云喜其有益也則春秋經諸書雩皆是得雨不得雨曰旱者僖二十一年夏大旱宣七年秋大旱是也然傳云至秋七月不雨不爲災僖二十一年夏大旱則是周之夏也建卯建辰建巳之月而書大旱者至秋仍不雨而追書于夏故云夏大旱

年不順成君衣布搢本關梁不租山澤列而不賦土功不興大夫不得造車馬皆爲凶年變也君衣布者謂若衛文公大布之衣大帛之冠是也搢本去珽荼搢士笏也士以竹爲笏飾本以象關梁不租此周禮也殷則關恒譏而不征列之言遮列也雖不賦猶爲之禁不得非時取也造謂作新也○衣於既反注君衣布同搢徐音箭又如字去巳呂反下刷去同珽他頂反荼音舒笏音忽遮支奢反

【疏】年不至車馬○正義曰前經論天子素服素車此論諸侯及大夫遭凶年之禮君衣布者謂身衣布衣也搢本者本謂士笏以竹爲之以象飾本君遭凶年搢插士笏故云搢本○關梁不租者關謂關門梁謂津梁租謂課稅以其凶年故不課稅此

周禮殷則雖非凶年亦不課稅也山澤列而不賦者列謂遮列但遮列人不得非時而入恐有損傷於物不賦斂也○土功不興者謂人食不得滿二䶵之歲若人食二䶵則猶興土功也故均人云豐年旬用三日中年用二日無年用一日廩人云人食四䶵上三䶵中二䶵下是無年猶有一日之役○注若衛至不征○正義曰按春秋閔二年狄入衛後衛文公大布之衣大帛之冠爲國之破亂與凶年同故引之云殷則關恒譏而不征者按王制云關譏而不征譏謂呵察但呵察其非不征稅王制是殷禮故云殷也○**卜人定龜**謂靈射之屬所當用者○射音亦周禮作繹爾雅作謝**史定墨**視兆坼也○坼勑白反**君定體**視兆所得也周公曰體王其無害

〔疏〕卜人至定體○正義曰此一經論君卜龜所定之異定龜者按龜人云天龜曰靈屬地龜曰繹屬東龜曰果屬西龜曰雷屬南龜曰獵屬北龜曰若屬各以其方之色與其體辨之鄭云屬言非一也色謂天龜玄地龜黃東青西白南赤北黑也龜俯者靈仰者繹前弇果後弇獵左倪雷右倪若定之者其所當用謂卜祭天用靈祭地用射射則繹也春用果秋用雷之屬也○史定墨者凡卜必以墨畫龜求其吉兆若卜從墨而兆廣謂之下從周禮占人注云墨兆廣也但坼是從墨而

裂其旁岐細出謂之爲璺坼。故占人云君占體大夫占色史占墨卜人占坼。注云體兆象也色兆氣也墨兆廣也坼。兆璺也是大坼稱爲兆廣小坼稱爲兆璺也○君定體者謂五行之兆象既得兆體君定其體之吉凶尊者視大卑者視小○注視兆至無害○正義曰此尚書金縢文以武王有疾周公代其請命卜得吉兆周公爲此言也

○君羔幦虎犆

幦覆苓也犆讀皆如直道而行之直直謂緣也此君齋車之飾○幦音覓徐苦狄反犆依注音直下同苓本又作軨音零緣尹絹反後文注皆放此齊側皆反下文注皆同

大夫齊車鹿幦豹犆朝車士齊車鹿幦豹犆

臣之朝車與齊車同飾

（疏）君羔至豹犆○正義曰此一節論君及大夫士等齊車朝車所飾之物尊卑不同○注幦覆至之飾○正義曰苓即式也但車式以苓爲之有豎者有横者故考工記注云樹式之植者衡者也此云幦覆苓詩大雅鞹鞃淺幭毛傳云幭覆式幭即幦也又周禮巾車作複但古字耳三者同也知幦是覆笭者少儀云負良綏申之面拖諸幦是也云犆讀皆如直道而行之直者按論語云三代之所直道而行故讀如之云此君齊車之飾者以大夫及士皆云齊車故知此君齊車之飾此經或

有齊字者若誤也若有齊字鄭不須此注皇氏云君謂天子諸侯也詩云淺幭以虎皮爲幭彼據諸侯與玄衮赤舄連文則亦齊車之飾此用羔幦者當是異代禮或可詩傳據以虎皮飾幦謂之淺幭也。注臣之至同飾。正義曰據此注言之則君之朝車與齊車異飾也但無文以言之

○君子之居恒當戶鄉明。鄉許亮反。寢恒東首首生氣也。首手又反注同。若有疾風迅雷甚雨則必變雖夜必興衣服冠而坐敬天之怒。迅音峻又音信衣於既反下衣布同又如字日五盥沐稷而靧粱櫛用樿櫛髮晞用象櫛進禨進羞工乃升歌晞乾也沐靧必進禨作樂盈氣也更言進羞明爲羞籩豆之實。盥音管靧音悔櫛則乙反樿章善反禨其既反浴用二巾上絺下綌刷去垢也。絺丑疑反綌去逆反刷色劣反垢古口反。出杅履蒯席連用湯杅浴器也蒯席澁便於洗足也連猶釋也。杅音雩蒯苦怪反連力旦反猶也注同澁所

戢反便娙面反履蒲席衣布晞身乃屨進飲進飲亦盈氣也。屨九具反本又作履。將適公所宿齊戒居外寢沐浴史進象笏書思對命思所思念將以告君者也對所以對君者也命所受君命者也書之於笏爲失忘也既服習容觀玉聲玉佩乃出揖私朝煇如也登車則有光矣私朝自大夫家之朝也揖其臣乃行。煇音暉

疏君子至光矣。正義曰此一節明卿大夫以下所居處及盥浴并將朝君之義。日五盥者盥洗手也。沐稷而靧粱者沐沐髮也靧洗面也取稷粱之潘汁用將洗面沐髮並須滑故也然此大夫禮耳又人君沐靧皆粱也。櫛用樿櫛者樿白理木也櫛梳也沐髮爲除垢膩故用白理澁木以爲梳。髮晞用象櫛者晞乾燥也沐已燥則髮澁故用象牙滑櫛以通之也。進禨進羞者禨謂酒也故少儀注云沐而飲酒曰禨是沐畢必進禨禨酒又進羞羞謂羞籩羞豆之實如非庶羞者庶羞爲食而設今進禨則飲酒之進爲飲設羞故知是羞籩羞豆是以籩人羞籩之下注引少牢主人酬尸宰夫羞房中之羞是

酬尸之後而有羞籩羞豆也故知非庶羞是進羞也。工乃升歌者又進羞之後樂工乃升堂以琴瑟而歌所以進禨進羞乃歌者以其新沐體虛補益氣也皇氏云進禨謂飧與少儀注違非其義也。出杅者杅浴之盆也浴時入盆中浴浴竟而出盆也。履蒯席者履踐也蒯菲草席澁出杅而腳踐履澁草席上刮去垢也。連用湯者連猶釋也言釋去足垢而用湯闕也。史進象笏者史謂大夫亦有史官也熊氏云按下大夫不得有象笏有象字者誤也熊氏又解與明山賓同云有地大夫故用象皇氏載諸所解皆不同以此爲勝故存之耳。書思對命者思謂意所思念將以告君對謂君有所問以事對君命謂所受君命將以奉行以笏書此三事故云書思對命也。既服習容觀玉聲者既服著朝服已竟也服竟而私習儀容。又觀容聽已珮鳴使玉聲與行步相中適玉佩玉也。乃出者習儀竟而出也。揖私朝輝如也者私朝大夫自家之朝也輝光儀也大夫行出至已之私朝揖其屬臣輝如也。登車則有光矣者揖竟出登所乘之車有光輝也而往適君朝矣

天子搢珽方正於天下也

此亦笏也謂之珽珽之言珽然無所屈也或謂之大圭長三尺杼上終葵首終葵首者於杼上又廣其首方如椎頭是謂無所屈後則恒直相玉書曰珽

玉六寸明自炤。長直亮反後放此杼直呂反葵如字終葵椎也椎直追反下同相息亮反珽他頂反本又作珵音呈炤音照

諸侯荼前詘後直讓於天子也荼讀爲舒遲之舒舒懦者所畏在前也詘謂圜殺其首不爲椎頭諸侯唯天子詘焉是以謂笏爲荼。荼音舒詘丘勿反後如字徐胡豆反懦乃亂反又奴臥反怯懦也又作儒人于反弱也皇云學士圜音員殺色界反徐所例反篇內皆同。

大夫前詘後詘無所不讓也大夫奉君命出入者也上有天子下有已君又殺其下而圜

疏 天子至讓也。正義曰此一節論天子以下笏制不同之事。方正於天下也者言珽然無所詘示已之端平正直而布於天下。諸侯荼前詘後直者前詘謂圜殺其首後直下角正方。讓於天子也者降讓於天子故前詘也大夫前詘後詘無所不讓也者大夫上有天子下有已君上下皆須謙退故云無所不讓也。注此亦至自炤。正義曰以下文云笏天子以球玉故知此珽亦笏也云或謂之大圭長三尺杼上終葵首者或者玉人文也玉人注大圭或謂之珽或者或此文也云終葵首者於杼上又廣其首方如椎頭者終葵首謂椎頭也故許愼説文玉。椎擊也齊人謂之終葵首言所杼之

上又廣其首廣於珽身頭頭方如椎頭故云終葵首引相玉
書珽玉六寸明自炤者證珽是玉也餘物皆光炤於外此珽
玉光自炤於內內含明也。注荼讀至爲荼。正義曰舒懦
者所畏在前也者按說文懦柔也所畏在前多舒緩故云舒
懦者所畏在前也。注又殺至而圜。正義曰知又殺其下
者以經云前後詘故知又殺其下故下注云大夫士文杼其
下首廣二寸半是也○侍坐則必退席不退則必引而去
君之黨引卻也。黨鄉之細者退謂旁側也辟君之親黨也。黨鄉之細也退謂旁側也一本或作黨鄉
之細者謂傍側也避君之親黨登席不由前爲躐席升必由下也。爲于僞反
本又如字躐力輒反徒坐不盡席尺示無所求於前不忘謙也讀書食則
齊豆去席尺讀書聲當聞尊者食爲汚席也。爲于僞反下爲大有同汙汚穢之汚烏臥反○
若賜之食而君客之則命之祭然後祭雖見賓客
猶不敢備禮也侍食則正不祭先飯辯嘗羞飲而俟俟君食而後食也君將食臣先

嘗之忠孝也。飯扶晚反下至三飯及注皆同辯嘗音遍若有嘗羞者則俟君之食然後食飯飲而俟不祭侍食不敢備禮也不嘗羞膳宰存也飯飲利將食也君命之羞羞近者辟貪味也辟音避命之品嘗之然後唯所欲必先徧嘗之。徧音遍本又作備。凡嘗遠食必順近食從近始也君未覆手不敢飧覆手以循咡巳食也飧勸食也。覆芳服反注同飧音孫注及下同咡耳侍反君既食又飯飧不敢先君飽。先息薦反下同飯飧者三飯也臣勸君食如是可也君既徹執飯與醬乃出授從者食於尊者之前當親徹也。從才用反

疏侍坐至從者。正義曰自此以下至士側尊用禁此一節廣論臣之侍坐於君之儀并顯君賜食賜酒肉飲之節兼明與凡人飲食之禮。侍坐則必退席者若側旁有別席則退就側席。不退則必引而去君之黨者不退謂旁無別席可退或雖有別席君不命之使退則必引而去君之黨黨是鄉之細者而屬於鄉居

其鄉之旁側今借之爲喻言臣侍君坐若不退席則引而卻去君之旁側也黨謂君之親黨則君命令與君之親黨同席則畢讓卻引而去離君之親黨在君之親黨之下而坐故注云辟君之親黨也登席不由前爲躐席者庾云失節而踐爲躐席應從於下升若由前升是躐席也按鄉飲酒禮賓席于戶西以西頭爲下主人席于阼階介席于西階皆北頭爲下賓升席自西方注云升由下也又按鄉飲酒記云主人介凡升席自北方降自南方注云席南上升由下降由上由便則主人升席自北方降席自南方按鄉飲酒禮主人受獻自席前適阼階是主人降席自北方者以其受獻正禮須席末啐酒因從北方降也故注云啐酒席末因從北方降由便也若其尋常無事則升由下而降由上若賓則升降皆由下也。徒坐不盡席尺者徒空也空坐謂非飲食及講問時也不盡席之前畔有餘一尺示無所求於前不忘謙也。讀書食則齊者讀書聲則當聞尊者食爲其汙席坐則近前與席畔齊。豆去席尺者解食所以近前之意以設豆去席一尺不得不前坐就豆或云讀書聲當聞尊者故人頭臨前一尺食爲汙席人頭臨豆與豆齊故云齊豆其豆徑一尺與去席尺亦一也。若賜至從者。正義曰此一節論人君賜食之禮。而君客之則命之祭然後祭者此廣明侍坐法也祭祭先也禮敵者共食則先祭若降等之客則後祭若臣侍君而賜之食則不祭若賜食而君以客禮待之則得祭雖得祭又先須君命之祭後乃敢祭也。先飯辯嘗羞者飯食也謂君未食而臣先食徧嘗羞膳也所以爾者示猶行臣禮爲先嘗食之義也。飲而俟者禮食未飧必前啜飲以利滑喉中不令澁噎君既未飧故臣亦不敢飧而先嘗羞嘗羞畢而歡飲以俟君飧臣乃敢飧。若有嘗羞者此謂臣侍食得賜食而非君所客者也既不得爲客故不得祭亦不得嘗羞則君使膳宰自嘗羞故云有嘗羞者也。則俟君之食然後食者既不祭不嘗則俟君食後已乃食也。飯飲而俟者飯飲者飲之也雖不嘗羞亦先飲飲則利喉以俟君也。君命之羞羞近者猶是君所不客者也雖君已食己乃後食而猶未敢食羞故又須君命雖得君命又猶未自專嘗先食近其前者一種而止也所以然者若越次前食遠者則爲貪好味也。命之品嘗之然後唯所欲者品猶徧也既未敢越次多食故君又命徧嘗而已乃徧嘗之後則隨已所欲不復次第也。凡嘗遠食必順近食者客與不客悉皆如此故云凡也意在嘗遠者且從近始辟貪味也。君未覆手不敢飧者侍食者悉然也覆手者謂食飽必覆手以循口邊恐有縠粒汚著之也飧謂用飲澆飯於器中也禮食竟更作三飧以勸助令飽實使不虛也君既食又飯飧者既猶畢竟也飯飧也君食畢竟而又飧則臣乃敢飧明不先君而飽也。飯飧者三飯也者三飯並謂飧也謂三度飧也君既已也謂君食竟已徹饌也。執飯與醬乃出授從者謂君饌已徹則臣乃自徹己饌以授從者飯醬是食之主故自執之此食合己之所得故授從者。注食於至徹也。正義曰此經食不客故君既徹之後執飯與醬乃出授從者若君與己禮食則但親徹之不敢授己之從者也故公食大夫禮賓北面坐取粱與醬以降西面坐奠于階西注云不以出者非所當得食也若非君臣但降等者則徹以授主人相者故曲禮云客若降等又云卒食客自前跪徹飯齊以授相者注云謙也相者主人贊饌者以非己所得故授主人之相若賓主敵者則徹於西序端故公食大夫禮云大夫相食徹于西序端注云亦親徹是也

○凡侑食不盡食食於人不飽謙也。侑音又唯水漿不祭若祭爲已偯卑水漿非盛饌也己猶大也祭之爲或有所畏迫臣於君則祭之。偯虛涉反厭也大音泰下同下亙大亦同

〔疏〕凡侑至偯卑。正義曰此一節以上文明侍君之食因明凡人相敵爲食之禮。凡侑食不盡食者此明勸食於尊者之法。

食於人不飽者此通包食於尊者及禮敵之人所以不盡食不飽者謙退不敢自足唯水漿不祭者言食於禮敵之人所設水漿不以祭先。若祭爲己傺卑者已大也傺厭也此解不祭水漿之意若祭水漿爲大厭降卑微有所畏迫也。注臣於君則祭之。正義曰所以知者按公食大夫禮宰夫執觶漿以進賓受坐祭遂飮故知之也〇君若賜之爵則越席再拜稽首受登席祭之飮卒爵而俟君卒爵然後授虛爵不敢先君盡爵君子之飮酒也受一爵而色洒如也洒如肅敬貌洒或爲察。洒先典反又西禮反王肅作察云明貌也二爵而言言斯言言和敬貌斯猶耳也。言言魚斤反注同禮已三爵而油油油油說敬貌。油油音由本亦作由王肅本亦作二爵而言注云飮二爵可以語也又云言斯禮注云語必以禮也三爵而油注云說敬貌無己及下油字也說音悅以退禮飮過三爵則敬殺可以去矣退則坐取屨隱辟而后屨坐左納右坐右納左隱辟倪逡巡而退著屨也。辟匹亦反徐房亦反注同而后屨一本作而後屨倪音免逡七巡反遁音巡著屨丁略反○凡尊必上玄酒不忘古也唯君面尊面猶鄉也燕禮曰司宮尊于東楹之西兩方壺左玄酒南上公尊瓦大兩有冪在尊南南上。鄉諱亮反唯饗野人皆酒蜡飲故不備禮。蜡鋤駕反大夫側尊用棜士側尊用禁棜斯禁也無足有似於棜是以言棜。棜於據反注同斯如字又音賜

【疏】君若至用禁正義曰此一節論臣於君前受賜爵之禮。飲卒爵而俟君卒爵然後授虛爵者俟君飲盡已乃授虛爵與相者也必在君前先飲者亦示其賤者先即事後授虛爵者亦不敢先君盡爵然此謂朝夕侍者始得爵也若其大禮則君先飲而臣後飲故曲禮云長者舉未釂少者不敢飲燕禮公卒爵而後飲是也此經云再拜稽首受於尊所曲禮云拜受於尊所此經先再拜稽首而後受燕禮與受爵降下奠爵再拜稽首則先受而後再拜與此不同者熊氏云文雖不同互以相備皆先受而後再拜今刪定以爲燕禮據大飲法故先受爵而後奠爵再拜此經據朝夕侍君而得賜爵故再拜而後受必知此經非饗燕

大飲者以此下云受一爵以至三爵而退明非大饗之飲也若燕禮非惟三爵而已。受一爵而色酒如也者言初受一爵而顏色肅敬酒如也如者如此義謂如似酒然故論語云申申如也夭夭如也及踧踖如也皆謂容色如此。二爵而言言斯者此事上恒敬既受二爵顏色稍和故言言斯斯耳也耳是助句之辭皇氏云讀言爲誾義亦通也。禮已三爵而油油者言侍君小燕之禮唯已止三爵顏色和說而油油說敬故春秋左氏傳云臣侍君宴過三爵非禮也。退則坐取屨隱辟而後屨者坐跪也初跪說屨堂下爲敬故退而跪取屨起而逡巡隱辟而著之坐左納右者納猶著也若坐左膝則著右足之屨若坐右膝則著左足之屨唯君面尊者面鄉也謂人君燕臣子專其恩惠故尊鼻鄉君故引燕禮燕臣子之法以解之若兩君相見則尊鼻於兩楹間在賓主之間夾之不得面鄉尊也。唯饗野人皆酒者饗野人謂蜡祭時也野人賤不得比士又無德又可飽食則宜貪味故唯酒而無水也。大夫側尊用棜士側尊用禁者側謂旁側在賓主兩楹間旁側夾之又東西橫行異於君也若側尊近於君南北列之則燕禮所云者是也大夫士側尊者鄉飲酒義云尊於房戶之間賓主共之也據大夫士旁著一尊亦曰側尊故士冠禮云側尊一甒醴在服北注云無偶曰側與此側別。

注楙斯至言楙。正義曰按鄉飲酒禮設兩壺于房戶間有斯禁彼是大夫禮此云大夫用楙故知楙是斯禁也按特牲禮注云楙今木轝上有四周下無足今斯禁亦無足故云有似於楙是以言楙也。○始冠緇布冠自諸侯下達冠而敝之可也本太古耳非時王之法服也。冠古亂反下冠而注始冠同敝音弊本亦作弊玄冠朱組纓天子之冠也緇布冠繢緌諸侯之冠也皆始冠之冠也玄冠委貌也諸侯緇布冠有緌尊者飾也繢或作繪緌或作蕤。繢戶內反注繪同緌本又作蕤耳隹反注及下皆同。玄冠丹組纓諸侯之齊冠也玄冠綦組纓士之齊冠也言齊時所服也四命以上齊祭異冠。齊側皆反下同綦音其徐其記反雜色也上時掌反下而上同後皆放此。縞冠玄武子姓之冠也謂父有喪服子爲之不純吉也武冠卷也古者冠卷殊。縞古老反又古報反下同爲于僞反卷起權反下同縞冠素紕既祥之冠也紕緣邊也紕讀如埤益之埤既祥之冠也已祥祭而服之也間傳曰大祥素縞麻衣。紕音埤又婢支反間古閑反傳直專反〔疏〕始冠至冠也。正義曰自此至魯桓公始也此一節廣論上下及吉凶冠之所用唯五十不散送及親沒不髦記者雜錄廁在其間。始冠緇布冠者言初加冠大夫士皆三加諸侯則四加其初加者是緇布冠者。自諸侯下達者自從也從諸侯下達於士始冠緇布冠。冠而敝之可也者言緇布冠重古始冠暫冠之耳非時王之服不復恒著冠而敝去之可也。注皆始至作紕。正義曰知始冠之冠者以文承上始冠之下故知玄冠朱組纓是天子始冠也云諸侯緇布冠有緌尊者飾也者按郊特牲及士冠記皆云其緌也吾未之聞謂大夫士也此云繢緌諸侯之冠故云緇布冠有緌尊者飾也上云始冠緇布冠自諸侯下達則諸侯緇布冠可知更云緇布冠繢緌諸侯之冠者爲緌起文也諸侯唯繢緌爲異其頍項青組纓等皆與士同。注言齊至異冠。正義曰言齊者兼祭祀之時故曲禮云立如齊謂祭祀時恐此齊亦兼祭祀故言齊時所服其祭諸侯則玄冕也云四命以上齊祭異冠者以諸侯玄冕祭玄冠齊孤則爵弁祭亦玄冠齊是齊祭異冠也必知孤亦玄冠齊者以諸侯尚玄冠齊明孤亦玄冠齊也其三命以下大夫則朝服以祭士則玄端以祭皆玄冠也此云玄冠綦組纓士之齊冠是齊祭同冠也其天子之士與諸侯上大夫同故深衣目録云士祭以朝服謂天子之士也祭用朝服與諸侯大夫同然則天子大夫與諸侯孤同亦爵弁祭玄冠齊此是熊氏之説也皇氏以爲天子大夫與諸侯大夫同但朝服以祭便與鄭注四命以上齊祭異冠於文爲妨皇氏之説非也其天子之祭玄冕祭則玄冠齊絺冕祭則玄冕齊以次差之可知也此亦熊氏説此云四命齊祭異冠者謂自祭也若助祭於君則齊祭同冠故鄭志荅趙商問云以雜記云大夫冕而祭於公弁而祭於己士弁而祭於公冠而祭於己是爲三命以下齊祭異冠何但四命以上也觀注似若但施於己祭不可通之也鄭荅云齊祭謂齊時一冠祭時亦一冠四命乃然大夫冕士弁而祭於君齊時服之祭時服之何以亦異如鄭此言是助祭齊祭同冠故云何以亦異若然士之助祭齊服應服爵弁而鄭注旅賁氏云王齊服服衮冕則士之齊服玄端不服爵弁者熊氏云若士助王祭祀服爵弁若助王受朝覲齊服則服玄端義或然也○注謂父至卷殊○正義曰姓生也孫是子之所生故云子姓云不純吉也者武用玄玄是吉冠用縞縞是凶吉而雜凶故云不純吉也卷用玄而冠用縞冠卷異色故云古者冠卷殊如鄭此言則漢時冠卷共材○注紕縁至麻衣○正義曰紕縁邊者謂縁冠兩

邊及冠卷之下畔其冠與卷身皆用縞但以素緣耳縞是生絹而近吉當祥祭之時身著朝服首著縞冠以其漸吉故也不言以素爲紕故喪服小記云除成喪者朝服縞冠注云縞冠未純吉祭服也雜記曰祥主人之除也於夕爲期朝服鄭云祭猶縞冠未純吉雜記又云既祥雖不當縞者必縞鄭云縞祥祭之服據此兩經二注皆云祥祭縞冠若既祥之後微申孝子哀情故加以素紕以素重于縞也故此文云既祥之冠間傳曰大祥素縞麻衣檢勘經注分明如此而皇氏以爲縞重素輕祥祭之時以素爲冠以縞爲紕紕得冠名故云縞冠祥祭之後以縞爲冠以素爲紕亦紕得冠名而云素冠文無所出不知有何憑據也

垂緌五寸惰游之士也 惰游罷民也亦縞冠素紕凶服之象也垂長緌明非既祥。惰徒臥反罷音皮

玄冠縞武不齒之服也 所放不飾教者

居冠屬武 謂燕居冠也著冠於武少威儀。屬章欲反著皇直略反徐丁略反

自天子下達有事然後緌 燕無事者去飾。去上呂反下同

五十不散送 送喪不散麻始衰不備禮。散悉但反注同衰所追反

親沒不髦 去爲子之飾。

不髦音毛大帛不緌帛當爲白聲之誤也大帛謂白布冠也不緌凶服去飾玄冠紫緌自魯桓公始也蓋僭宋王者之後服也緌當用繢○僭子念反後同

疏垂緌至士也○正義曰此亦用既祥冠而加垂緌五寸也○注惰游至既祥○正義曰鄭知惰游罷民者與下不齒相連故知是周禮坐嘉石之罷民知亦縞冠素紕者以文承上縞冠素紕之下但垂緌爲異○注謂燕居冠也○正義曰燕居之冠屬武於冠冠武相連屬燕居率略少威儀故也又不加緌若非燕居則冠與武別臨著乃合之有儀飾故也○注送喪至備禮○正義曰始死三日之前要絰散垂三日之後乃絞之至葬啟殯已後亦散垂既葬乃絞五十既衰不能備禮故不散垂及親沒不髦不關冠之義紕者雜廁其間○注帛當至去飾○正義曰知帛當爲白者以雜記云大白冠緇布冠皆不緌彼大白與緇布連文故知此大帛謂白布冠也左傳閔二年衛文公大布之衣大帛之冠白繒冠也與大布相對與此異也○注蓋僭宋王者之後○正義曰知疑僭宋者以祭周公用白牡乘大路是魯用殷禮故疑魯桓公用紫緌僭宋王者之後云緌當用繢者以上文云緇布冠繢緌諸侯之冠故知也

○朝玄端夕深衣深

衣三袪謂大夫士也三袪者謂要中之數也袪尺二寸圍之爲二尺四寸三之七尺二寸○朝直遙反深衣三袪起魚反本或無衣字要一遙反下文注同縫齊倍要縫紩也紩下齊倍要中齊丈四尺四寸縫或爲逢或爲豐○縫音逢齊音咨本又作齌注同紩直已反徐治栗反○衽當旁衽謂裳幅所交裂也凡衽者或殺而下或殺而上是以小要取名焉衽屬衣則垂而放之屬裳則縫之以合前後上下相變○衽而審反又而鴆反屬音燭下同袂可以回肘二尺二寸之節○袂面世反肘竹丑反○長中繼揜尺其爲長衣中衣則繼袂揜一尺若今褎矣深衣則緣而已○褎音袖下文同袷二寸曲領也袷音刼○袪尺二寸袂口也緣廣寸半飾邊也○廣徐公曠反後放此以帛裏布非禮也中外宜相稱也冕服絲衣也中衣用素皮弁服朝服玄端麻衣也中衣用布○裏音里稱尺證反士不衣織織染絲織之士衣染繒也○衣於既反注及下注同織音志注織染同繒以綾反無君者不貳采大夫去位宜服玄端玄裳○去如字衣正色

裳間色謂冕服玄上纁下○間間廁之間非列采不入公門列采正服

振絺綌不入公門表裘不入公門振讀爲袗袗禪也表裘外衣也二者形且褻皆當表之乃出○振依注爲袗之忍反禪音丹下文注同

【疏】朝玄至公門○正義曰自此以下至弗敢充也一節廣論衣服及裘裼襲之事○朝玄端夕深衣者謂大夫士早朝在私朝服玄端夕服深衣在私朝及家也○深衣三袪者袪謂袂末言深衣之廣三倍於袂末○縫齊倍要者齊謂裳之下畔要謂裳之上畔言縫下畔之廣倍於要中之廣謂齊廣一丈四尺四寸要廣七尺二寸○衽當旁者衽謂裳之交接之處當身之畔○袂可以回肘者袂上下之廣二尺二寸肘長尺二寸故可以回肘也○長中繼揜尺者謂長衣中衣繼袂之末揜餘一尺○袷二寸者袷謂深衣曲領廣二寸○袪尺二寸者袪謂深衣袂口謂口之外畔上下尺二寸也故注云袪袂口也○緣廣寸半者謂深衣邊以緣飾之廣寸半也○注謂大至二寸○正義曰上文云君朝服日出而視朝夕深衣祭牢肉此云朝玄端與君不同故知是大夫士也以視私朝故服玄端若朝君之時則朝服也朝服其衣與玄端無異但其裳以素耳若大夫莫夕蓋亦

朝服其士則用玄端故士冠禮注云玄端士莫夕於朝之服是也其私朝及在家大夫士夕皆深衣也皇氏以爲此玄端是朝君之服若然朝禮君臣同服上文君朝服夕深衣此文與君無異鄭何得注云大夫士也恐皇氏之說非也云三之七尺二寸者按深衣云幅十有二以計之幅廣二尺二寸一幅破爲二四邊各去一寸餘有一尺八寸每幅交解之闊頭廣尺二寸狹頭廣六寸比寬頭嚮下狹頭嚮上要中十二幅廣各六寸故爲七尺二寸下齊十二幅各廣尺二寸故爲一丈四尺四寸○注衽謂至相變○正義曰衽謂裳幅所交裂也者裳幅下廣尺二寸上闊六寸狹頭嚮上交裂一幅而爲之云凡衽者或殺而下或殺而上者皇氏云言凡衽非一之辭非獨深衣也或殺而下謂喪服之衽廣頭在上狹頭在下或殺而上謂深衣之衽寛頭在下狹頭在上云是以小要取名焉者謂深衣與喪服相對爲小要兩旁皆有此衽熊氏大意與皇氏同或殺而下謂朝祭之服耳云衽屬衣則垂而放之者謂喪服及熊氏朝祭之衽云屬裳則縫之以合前後者謂深衣之衽云上下相變者上體是陽陽體舒散故垂而下下體是陰陰主收斂故縫而合之今删定深衣之上獨得衽名不應假他餘服相對爲衽何以知之深衣衣下屬幅而下裳上屬幅而上相對爲衽鄭注深衣鉤邊今之曲裾則宜兩

邊而用也但此等無文言之且從先儒之義○注其爲至而已○正義曰繼袂揜一尺者幅廣二尺二寸以半幅繼續袂口揜餘一尺云深衣則緣而已者若長衣揜必用素而中衣揜或布或素隨其衣而然長中制同而名異者所施異故也裏中著之則曰中衣若露著之則曰長衣故鄭注深衣目録素紕曰長衣有表謂之中衣○以帛裏布非禮也若朝服用布則中衣不得用帛也皮弁服朝服玄端服麻衣也中衣用布三衣用麻麻即十五升布故中衣並用布也然云朝服又云玄端者朝服指玄衣素裳而玄端裳色多種或朱裳玄黃雜裳之屬廣言之也而小祥衰裏熟帛中衣者吉凶異故也○士不衣織○織者前染絲後織者此服功多色重故士賤不得衣之也大夫以上衣織染絲織之也士衣染繒詩庶人得衣錦者禮不下庶人有經而等也故服錦衣下云居士錦帶者直以錦帶非爲衣也唐傳云古者有命民有飾車駢馬衣錦者非周法大夫以上得衣織衣而禮運云衣其澣帛謂先代禮尚質故也○注大夫至玄裳○正義曰此謂大夫士去國三月之内服素衣素裳三月之後別服此玄端玄裳以經云不貳采是有采色但不貳耳采色之中玄最貴也○注謂冕服玄上纁下○正義曰玄是天色故爲正纁是地色赤黄之雜故爲間色皇氏云正謂青赤黄白黑五方正色也不

正謂五方間色也綠紅碧紫騮黃是也青是東方正綠是東方間東爲木木色青木刻土土黃並以所刻爲間或綠色青黃也○朱是南方正紅是南方間南爲火火赤刻金金白故紅色赤白也白是西方正碧是西方間西爲金金白刻木故碧色青白也黑是北方正紫是北方間北方水水色黑水刻火火赤故紫色赤黑也黃是中央正騮黃是中央間中央爲土土刻水水黑故騮黃之色黃黑也○注振讀至乃出○正義曰按士昏禮云女從者畢袗玄彼注以袗爲同此云袗禪者以振與袗聲相近袗字從衣故讀從袗蓋袗字得爲同又得爲禪故下曲禮注引論語云當暑袗絺綌是論語本有爲袗字者云形且褻者形解袗絺綌其形露見褻解表褻在衣外可鄙褻二者皆上加表衣乃出也

襲裘不入公門 衣裘必當裼也○裼思歷反

纊爲繭縕爲袍 衣有著之異名也纊謂今之新綿也縕謂今纊及舊絮也○纊音曠繭古典反縕紆粉反又紆郡反袍步羔反絮胥慮反

禪爲絅 有衣裳而無裏○絅苦迥反徐又音迥

帛爲褶 有表裏而無著○褶音牒裌也

○朝服之以縞也自季康子始也 亦僭宋王者之後

(疏)襲裘至始也○

正義曰檀弓云裼裘襲裘謂若子游裼裘而弔曾子襲裘而弔皆謂裘上有裼衣裼衣之上有襲衣襲衣之上有正服但據露裼衣不露裼衣爲異耳若襲裘不得入公門也○注縕謂今纊及舊絮也○正義曰如鄭此言云縕謂今纊者謂好綿也則鄭注之時以好者爲綿惡者爲絮故云縕謂今纊及舊絮也○注亦僭宋王者之後○正義曰云亦者亦上玄冠紫緌是僭宋王者之後知宋朝服以縞者按王制云殷人縞衣而養老燕服則爲朝服宋是殷後故朝服以縞

孔子曰朝服而朝卒朔然後服之謂諸侯與羣臣也諸侯視朔皮弁服曰國家未道則不充其服焉謂若衛文公者未道未合於道

疏孔子至服之○正義曰朝服緇衣素裳而朝謂每日朝君○卒朔然後服之者卒朔謂卒告朔之時服皮弁告朔禮終脫去皮弁而後服朝服也○注謂諸侯與羣臣也○正義曰知非天子之朝服而云諸侯與羣臣者以上文次皆云不入公門下云唯君有黼裘又云君衣狐白裘皆據諸侯之禮故知此亦據諸侯也○

唯君有黼裘以誓省大裘非古也僭天子也天子祭上帝則大裘而冕大裘羔裘也黼

裘以羔與狐白雜爲黼文也省當爲獮獮秋田也國君有黼裘誓獮田之禮時大夫又有大裘也○黼音甫省依注作獮息典反秋獮名疏唯君至古也○正義曰君諸侯也黼裘以黑羊皮雜狐白爲黼文以作裘也誓者告勑也獮秋獮也大裘天子郊服也禮唯許諸侯服黼裘以誓軍衆田獮耳不得用大裘常時有者非但諸侯用大裘又有大夫僭用大裘者故譏之云非古也○注時大夫又有大裘也○正義曰經直云黼裘以誓獮大裘非古而云大夫用大裘者以經云唯君則知時臣亦爲之故言唯君以譏之也冬始裘而秋云裘者爲秋殺始誓衆須威故秋而用黼爲裘也

附釋音禮記注疏卷第二十九

江西南昌府學栞

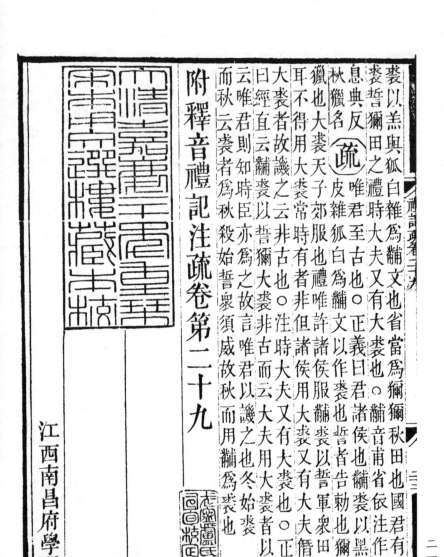

禮記注疏卷二十九挍勘記　阮元撰盧宣旬摘録

附釋音禮記注疏卷第二十九　惠棟挍宋本禮記正義卷第三十九

玉藻第十三

天子玉藻節

閏月則闔門左扉　各本同石經同釋文出則闔左扉云一本作闔門左扉

東門南門皆謂國門也　宋監本亦作謂惠棟挍宋本同岳本同嘉靖本同考文引補本古本足利本同閩監毛本謂誤爲衛氏集說同

皆用白旒珠　閩毛本同衛氏集說同惠棟挍宋本旒作旋監本亦作旒用誤周

用三十升之布染之　惠棟挍宋本作用衛氏集說同此本用字闕閩監毛本用誤以

但延之與板　閩監本同考文引宋板同毛本與誤於衛氏集說同

是解延不解冕也　惠棟按宋本同閩監毛本是字脫

其制同文按明堂位　惠棟按宋本文作又考文引補本同是也閩監毛本並誤

以草蓋屋　閩監毛本同盧文弨據明堂位疏云草當作茅

其外名曰辟廱　閩監毛本同盧文弨據明堂位疏外下增有水二字

謹按今禮古禮各以其義說說無明文以知之　閩監本同毛本以誤有考文引宋板亦作以盧文弨云說字不當重齊召南云說無明文當作經無明文

及其下顯與本異章　閩監毛本同盧文弨按云本異章疑是本書異

今說立明堂於己由此爲也　閩監毛本同齊召南按云按以明堂位疏推之當作今漢立明堂於丙巳此疏說字係漢字之訛巳上又脫丙字

皮弁以日視朝節

餕食朝之餘也奏奏樂也　閩監毛本同岳本同嘉靖本同盧文弨挍云注十字宋本在日少牢下

春秋尚書其存者　惠棟挍宋本同嘉靖本同續通解同考文引補本古本足利本同閩監毛本其作具岳本同衞氏集說同

而食餕尚奏樂卽朝食奏樂可知也　閩本同監毛本無而食餕尚奏樂六字

皆有俎有三牲備　閩監毛本同衞氏集說下有作則

或天子同諸侯等所施不同故鄭據　閩監毛本同按同諸侯之同當作與孫志祖云同周禮膳夫疏作與是也又云禮數不同難以據也此疏故鄭二字疑誤惠棟挍云故鄭據三字衍浦鏜挍作故難據也

尚書記言語之事 閩監毛本同衞氏集說同惠棟挍宋本作言誥考文引補本亦作誥按下是皆言誥之事並作誥則此處語字亦當作誥

內史掌王之八枋 惠棟挍宋本同閩監毛本枋作柄○按周禮以枋爲柄古音方聲丙聲同部字

右史紀事左史記言與此正反 閩監毛本紀作記閩監本與字同毛本與誤於考文引宋本亦作與

諸侯元端以祭節

皮弁以聽朔於太廟 閩監毛本同石經同岳本同嘉靖本同衞氏集說同惠棟挍云皮弁以聽朔於太廟經注十四字宋本皆脫

五俎四簋 各本同石經同釋文出四簋云本或作簋

加羊與其腸胃也各本同釋文出腸也云音胃

此諸侯聽朔於大廟閩監毛本同惠棟挍宋本此作故盧文弨云宋作故非

諸侯亦當有日中閩監毛本同衞氏集說有作言

君無故不殺牛節

無復揔科惠棟挍宋本同考文引補本同閩監毛本科作别衞氏集說同

饗食亦在其中惠棟挍宋本同衞氏集說同考文引補本同閩監毛本食誤飯

殷則闕恒讖而不征惠棟挍宋本亦作恒宋監本同岳本同嘉靖本同考文引補本古本足利本同閩監毛本恒誤但衞氏集說同殷字各本不誤監本誤殷

亦不課稅也閩監毛本如此此本也字闕惠棟挍宋本無也字

卜人定龜節

視兆坼也惠棟挍宋本宋監本亦皆作坼岳本同衞氏集說同釋文出兆坼閩本坼誤拆監毛本誤圻嘉靖本同

定之者定其所當用惠棟挍宋本如此衞氏集說同此本下定字脫閩監毛本同

但拆是從墨閩本同監毛本拆作坼下拆字倣此

小坼稱爲兆疊也閩毛本同監本疊誤曡

君羔幦虎犆節

此經或有齊字者若誤也閩監毛本同惠棟挍宋本無若字續通解同○按無若字者是也

則亦齊車之飾惠棟挍宋本作則衞氏集說同此本則字闕閩監毛本則誤知

君子之居恒當戶節

蒯席瀰 閩監毛本作瀰岳本同衛氏集說同此本瀰作溢嘉靖本同疏放此

命所受君命者也 閩監毛本同衛氏集說同惠棟挍宋本無者字考文引古本足利本同宋監本同

爲失忘也 惠棟挍宋本作也宋監本同岳本同嘉靖本同衛氏集說同考文引古本足利本同閩監毛本也誤反

取稷粱之潘汁 惠棟挍宋本同閩監毛本潘作湯衛氏集說同

又人君沐靧皆粱也 閩監毛本同通解又作若惠棟挍宋本皆作者

言釋去足垢而用湯蘭也 閩監毛本同衛氏集說同惠棟挍宋本蘭作爛

天子搢珽節

珽之言珽然無所屈也 閩監毛本同岳本同嘉靖本同衛氏集說同段玉裁挍本云珽然之

珽當作挺

珽玉六寸明自炤各本同釋文出珽云本又作珵惠棟云王逸引之作珵

終葵首謂椎頭也閩監毛本同考文引補本首作者

故許慎說文玉椎擊也閩監毛本同段玉裁挍本玉改云

廣於珽身頭頭方如椎閩監毛本同盧文弨云頭字不當重浦鏜挍云一頭字疑在廣字上

大夫士文杼其下首廣二寸半也是惠棟挍宋本文作又也是作是也閩監本與此同誤毛本亦同惟是也二字不倒

侍坐則必退席節

黨鄉之細者退謂旁側也辟君之親黨也〇閩監毛本同岳本同嘉靖

本同衞氏集說同釋文出黨鄉之細也退謂傍側也云一本或作黨鄉之細者謂傍側也辟君之親黨今注疏本與釋文二本並不同此本親黨也下隔○列釋文閩監毛本誤以釋文爲注惠棟挍宋本亦無○下二十八字也

又按鄉飲酒記云　惠棟挍宋本無按字衞氏集說同此誤衍按字閩監毛本同

啐酒席末因從北方降　惠棟挍宋本同閩監毛本因誤自

則君使膳宰自嘗羞　閩監毛本同惠棟挍宋本君下有若字

凡侑食不盡食節

若祭爲已傸卑　閩監毛本同石經同嘉靖本同衞氏集說同岳本傸作僸考文引古本足利本同釋文出已僸石經考文提要云宋本九經南宋巾箱本並作僸

祭之爲或有所畏迫　閩監本同惠棟挍宋本或作大岳本同嘉靖本同衞氏集說同毛本同是也考文引古本足利本大作太亦誤釋文出猶大云下同正謂此大是釋文本亦作大字也

君若賜之爵節

隱辟而后屨　各本同石經同釋文出而屨云一本作而後屨

俛逡巡而退著屨也　各本同釋文出逡巡作遁云音巡○按遁正字逡巡假借字

在尊南南上　閩監本作南上岳本同嘉靖本同衛氏集說同毛本南上誤面上此本訛脫

已乃授虛爵與相者也　惠棟挍宋本同考文引補本同閩監毛本授誤受

既受二爵顏色稍和　毛本同衛氏集說亦作二閩監本二誤三

唯已止三爵　閩監毛本同惠棟挍宋本止作上衛氏集說作唯止三爵無已字按止字是

謂蜡祭時也　閩監本如此衛氏集說同考文引宋板同此本時字在謂蜡祭三字闕毛本時誤是

在賓主兩楹間旁側夾之　惠棟挍宋本作間衛氏集說同考文引補本同此本間字脫閩監毛本間誤之

始冠緇布冠節 惠棟挍云始冠節垂緌節宋本合爲一節

故鄭志荅趙商問云 閩監毛本同惠棟挍宋本無荅字

祭時亦一冠 孔廣森云亦疑當作又

故云子姓 閩監毛本同惠棟挍宋本云作曰

垂緌五寸節

親没不髦 各本同石經同釋文出不蓏

紀者雜厠其間 閩監毛本同惠棟挍宋本紀改記

以祭周公用白牡 惠棟挍宋本作白牡衞氏集說同此本白字不誤牡誤牲閩監本同毛本白牡誤入牲

袂口也 閩本同惠棟挍宋本同岳本同嘉靖本同衞氏集說同監本袂誤袟毛本袂誤袪

袂尺二寸者袪謂深衣袂口 惠棟挍宋本作袪尺袪謂毛本同監本袪字並誤作袂

但其裳以素耳 惠棟挍宋本同閩監毛本耳作爾衞氏集說同

比寬頭嚮下 閩監毛本同衞氏集說比作此

故中衣並用布也 惠棟挍宋本同衞氏集說同閩監毛本並誤幷

士衣染繒 此本繒字不誤染誤也閩監毛本染字不誤繒誤繪衞氏集說作染繒惠棟挍宋本同

下云居士錦帶者 惠棟挍宋本如此考文引補本同此本下字闕閩監毛本云誤文

三月之後別服此元端元裳 閩監毛本同衞氏集說別作則

朱是南方正 惠棟挍宋本作朱考文引補本同此本朱誤未閩監毛本朱作赤衞氏集說同

襲裘不入公門節爲一節 惠棟挍云襲裘節孔子節宋本合

衣有著之異名也閩本如此惠棟挍宋本同宋監本同岳本同嘉靖本同考文引古本同監毛本有誤者衛氏集說同此本有字不誤著誤者

孔子曰朝服而朝節

以上文次皆云閩監毛本同惠棟挍宋本文作之

唯君有黼裘節

國君有黼裘誓獮田之禮閩毛本同岳本同嘉靖本同衛氏集說同監本獮誤稱

時大夫又有大裘也閩監本同岳本同嘉靖本同衛氏集說同毛本又誤猶

而用黼爲裘也惠棟挍宋本此下標禮記正義卷第三十九終記云凡二十七頁

禮記注疏卷二十九挍勘記

附釋音禮記注疏卷第三十

南昌盧氏宣旬校定

玉藻

禮記　鄭氏注　孔穎達疏

君衣狐白裘錦衣以裼之君衣狐白毛之裘則以素錦爲衣覆之使可裼也袒而有衣曰裼必覆之者裘褻也詩云衣錦絅衣裳錦絅裳然則錦衣復有上衣明矣天子狐白之上衣皮弁服與凡裼衣象裘色也○衣於既反下文不衣衣同復扶又反與音餘　君之右虎裘厥左狼裘衛尊者宜武猛　士不衣狐白辟君也狐之白者少以少爲貴也○辟音避

疏　君衣至狐白○正義曰君謂天子以狐之白毛皮爲裘其上用錦衣以裼之○注詩云至色也○正義曰鄭引詩者證錦衣之上更有衣覆之以無正文故引詩云然則錦衣復有上衣明矣云天子狐白之上衣皮弁服與者亦以無正文故言皮弁服與與爲疑辭也必知狐白上加皮弁服者以狐白既白皮弁服亦白錦衣○白三者相稱皆爲白也云凡裼衣象裘

色也者狐白裘用錦衣爲裼狐青裘用玄衣爲裼羔裘用緇衣爲裼是裼衣與裘色相近也天子視朝服皮弁服則天子皮弁之下有狐白錦衣也諸侯於天子之朝亦然故秦詩曰君子至止錦衣狐裘此經云君則天子兼諸侯也凡在朝君臣同服然則二公在天子之朝執璧與子男同則皮弁之下狐白錦衣與子男同也其天子卿大夫及諸侯卿大夫在天子之朝亦狐白裘以下云士不衣狐白則卿大夫得衣狐白也其裼則不用錦衣故下注云非諸侯則不用錦衣爲裼熊氏云當用素衣爲裼其天子之士及諸侯之士在天子之朝既不衣狐白熊氏云用麛裘素裼也諸侯朝天子受皮弁之裼歸來嚮國則亦錦衣狐裘以告廟則秦詩云君子至止錦衣狐裘是也告廟之後則。服之其在國視朔則素衣麑裘卿大夫士亦皆然故論語注云素衣麑裘視朔之服是也其受外國聘享亦素衣麛裘故聘禮公裼降立注引玉藻云麛裘青豻褎絞衣以裼之又引論語云素衣麑裘皮弁時或素衣如鄭此言則裼衣或絞或素不定也熊氏云臣用絞君用素皇氏云素衣爲正記者亂言絞耳

君子狐青裘豹褎玄綃衣以裼之 君子大夫士也綃綺屬也染之以玄於狐青裘相宜狐青裘蓋玄衣之裘。豹包教反綃音消 麛

裘青豻褎絞衣以裼之豻胡犬也絞蒼黃之色也孔子曰素衣麛裘○麛音迷豻音岸胡地野犬絞戸交反羔裘豹飾緇衣以裼之飾猶褎也孔子曰緇衣羔裘狐裘黃衣以裼之黃衣大蜡時臘先祖之服也孔子曰黃衣狐裘○蜡仕嫁反臘力合反錦衣狐裘諸侯之服也非諸侯則不用錦衣爲裼犬羊之裘不裼質略亦庶人無文飾

疏君子至不裼○正義曰君子謂大夫士也以狐青爲裘豹皮爲褎用玄綃之衣以覆裼之○注君子至之裘○正義曰知君子大夫士者以其上文已云君此文云君子故知是大夫士也云蓋玄衣之裘者皇氏云玄衣謂玄端也皇氏又云纖內諸侯朝服用緇衣纖外用玄衣此狐青又是纖外諸侯朝服之裘皇氏又云凡六冕及爵弁無裘先加明衣次加中衣冬則次加袍繭夏則不袍繭用葛也次加祭服若朝服布衣亦先以明衣親身次加中衣冬則次加裘裘上加裼衣裼衣之上加朝服夏則中衣之上不用裘而加葛葛上加朝服此皆皇氏之説熊氏云六冕皆有裘此云玄謂六冕及爵弁也則天子諸侯皆然而云大夫士者君用純狐青大夫士雜以豹

褎熊氏又以内外諸侯朝服皆緇衣以羔爲裘不用狐青也
狐青既是冕服之裘周禮司裘謂之功裘者以在冕服之内
人功微麤不如黼裘大裘之美故故○謂之功耳劉氏云凡六
冕之裘皆黑羔裘也故司服云祭昊天大裘而冕以下冕皆
不云裘是皆用羔裘也又論語注緇衣羔裘皆祭於君之服
是祭服用羔裘也劉氏又以此玄衣爲玄端與皇氏同今删
定三家之說雖各有通塗皆互有長短皇氏以畿内諸侯緇
衣畿外諸侯玄衣按王制直云玄衣而養老不辨外内之異
又詩唐風羔裘豹袪卿大夫之服檜風云羔裘逍遥鄭玄云
朝燕之服也論語云緇衣羔裘注云諸侯之朝服羔裘者必
緇衣爲裼唐檜魯非畿内之國何得並云羔裘若此玄衣爲
畿外諸侯則鄭注此何得云君子大夫士也又祭服無裘文
無所出皇氏之說非也劉氏以六冕皆用大裘按鄭志大裘
之上有衣則與玄冕無異是以小祭與昊天服同此則劉氏
之說非也今彼此商量以熊氏之說踰於二家論語注云緇
衣祭於君之服者謂助君祭朝服而祭也亦卿大夫祭於君
之一服也○注豻胡犬也○正義曰熊氏以豻胡犬謂胡地野
犬一解此胡作狐字謂狐犬雜未知孰是也○注黄衣至狐
裘○正義曰按郊特牲云黄衣黄冠而祭所以息田夫者文
在蜡祭之下又云既蜡而收民息已是蜡祭之後爲息民之

祭也此息民謂之臘故月令孟冬云臘先祖五祀是黃衣爲臘先祖之服皇氏用白虎通義云天子狐白諸侯狐黃大夫狐蒼士羔並與經傳不同鄭所不取裘乃各有所施皇氏說非也

不文飾也不裼裼主於有文飾之事【疏】不文飾也不裼○正義曰按聘禮使臣行聘之時主於敬不主於文故襲裘也是不文飾之事不裼裘也至行享之時主於文故裼裘也

裘之飾也見美也君子於事以見美爲敬○見賢遍反注下注及下文同【疏】裘之裼也見美也○正義曰裘之裼者謂裘上加裼衣裼衣上雖加他服猶開露裼衣見裼衣之美以爲敬也

弔則襲不盡飾也喪非所以見美【疏】弔則襲不盡飾也○正義曰凡此弔襲謂主人既小斂之後若未斂之前則裼裘也故檀弓云子游裼裘而弔是也

君在則裼盡飾也臣於君所【疏】君在則裼盡飾也○正義曰凡君在之時則露此裼衣盡其文飾之道以敬於君也

服之襲也充美也充猶覆也所敬不主於君則襲【疏】服之襲也充美也○正義曰此謂君之不在臣所加上服揜襲裼衣充猶覆也謂覆蓋裼衣之美以君不在敬心殺故也○注所敬

至則襲。○正義曰：凡敬有二體，一則父也，二則君也。父是天性至極，以質爲敬，故子於父母之所不敢袒裼。君非血屬，以文爲敬，故臣於君所則裼。若平敵以下，則亦襲，以其質略故也。所襲雖同，其意異也。聘禮行聘致君命亦襲者，彼是聘享相對，聘質而享文，欲文質相變，故裼襲不同也。

是故尸襲，尸尊。〔疏〕是故尸襲。正義曰：尸處尊位，無敬於下，故襲也。

執玉龜襲，重寶瑞也。〔疏〕執玉龜襲。○正義曰：凡執玉得襲，故聘禮執圭璋致聘則襲也。若執璧琮行享，雖玉裼。此執玉或容非聘享，尋常執玉則亦襲也。龜是享禮庭實之物，執之亦裼，若尋常所執及卜則襲，敬其神靈也。

無事則裼，弗敢充也，謂已致龜玉也。〔疏〕無事至充也。○正義曰：謂行禮已致龜玉之後，則裼，不敢充覆其美也。亦謂在君之前，故裼也。若不在君所，故無事則襲，前文云者是也。

○笏，天子以球玉，諸侯以象，大夫以魚須文竹，士竹本，象可也，球，美玉也。文猶飾也。大夫士飾竹以爲笏，不敢與君並用純物也。○球音求。魚須文竹，崔云：用文竹及魚班也。隱義云：以魚須飾文竹之邊。須音班。

見於天子與

射無説笏入大廟説笏非古也言凡吉事無所説笏也大廟之中唯君當事説笏也○説本又作稅同他活反下及注同小功不説笏當事免則説之免悲哀哭踊之時不在於記事也小功輕不當事可以搢笏也○免音問注同既搢必盥雖有執於朝弗有盥矣搢笏輒盥爲必執事○爲于僞反凡有指畫於君前用笏造受命於君前則書於笏笏畢用也因飾焉畢盡也○畫呼麥反造皇七報反舊七刀反笏度二尺有六寸其中博三寸其殺六分而去一殺猶杼也天子杼上終葵首諸侯不終葵首大夫士又杼其下首廣二寸半○去起呂反下注去上則去去飾同【疏】笏天至去一○正義曰此一節明天子以下笏之所用之物并明用笏之事及闊狹長短○大夫以魚須文竹者文飾也庾氏云以鮫魚須飾竹以成文士竹本象可也者士以竹爲本質以象牙飾其邊緣飾之可也言可者通許之辭○注球

美至物也。正義曰按釋地云西北之美者有崐崘虛之璆琳琅玕焉李巡孫炎郭璞等並云璆琳美玉此之球字則與璆同故云球是美玉也云文猶飾也謂以魚須文飾其竹盧云以魚須及文竹爲笏非鄭義也云大夫士飾竹以爲笏者大夫以魚須士用象。注言凡至笏也。正義曰經揔云見於天子則諸侯事在其間故云言凡吉事無所說笏凡者非一之辭下文云小功不説則大功以上皆説之故云惟吉事無說笏也云大廟之中唯君當事則説笏也者以臣見君無不執笏明大廟之中雖當事之時亦執笏也君則大廟之中當事之時則說笏時臣驕泰僭做於君當事之時亦說笏故記者明之云臣入大廟當事説笏非古禮也是當時之僭記者據時而言故鄭云唯君當事說笏也必知當事說者以下文云小功不說笏當事免則說之明君入大廟當事則亦說耳凡臣見君皆執笏笏所以記事射所以正威儀獨云見於天子者以天子尊極恐臣下畏懼不敢執笏故特言見於天子明臣下見於君皆然。既搢至盥矣。言既搢笏必盥者謂有執事於朝須頮潔淨故既搢笏於帶必盥洗其手於後雖有執事於朝更不須清絜不須盥矣以其初盥已畢。造受至飾焉。造受命謂造詣君前而受命則書記於笏。笏畢用也者畢盡也謂事事盡用笏記之。因飾焉者謂因其記事所須而飾以爲上下等級焉○其中博三寸者天子諸侯上首廣二寸半其天子椎頭不殺也大夫士下首又廣二寸半唯笏之中央同博三寸故云其中博三寸也其殺六分而去一者天子諸侯從中以上稍稍漸殺至上首六分三寸而去其一分餘有二寸半在大夫士又從中以下漸漸殺至下首亦六分而去一○注殺猶至寸半○正義曰按玉人云天子杼上此云殺故知殺猶杼也云諸侯不終葵首者以玉人云天子終葵首則諸侯不終葵首可知也云大夫士又杼其下者以經特云其中博三寸明笏上下二首不博三寸諸侯既南面之君同殺其上大夫士北面之臣宜俱殺其下也

而素帶終辟大夫素帶辟垂士練帶率下辟居士錦帶弟子縞帶并紐約用組

而素帶終辟謂諸侯也諸侯不朱裏合素爲之如今衣帶爲之下天子也大夫亦如之率繂也士以下皆禪不合而繂積如今作幓頭爲之也辟讀如裨冕之裨裨謂以繒采飾其側人君充之大夫裨其紐及末士裨其末而已居士道藝處士也此自而素帶亂脫在是耳宜承朱裏終辟○帶音戴辟依注爲裨婢支反下同徐又音卑下緆辟終辟皆放此率音律注及下同并必政反紐女

久反組音祖下戸嫁反綷

疏　而素帶終辟○正義曰自此以下至皆從男子明帶及韠韍及王后以下衣服等差其文雜陳又上下爛脫今一依鄭注以爲先後天子素帶朱裏終辟而素帶終辟大夫素帶辟垂士練帶率下辟居士錦帶弟子縞帶并紐約用組三寸長齊于帶紳長制士三尺有司二尺有五寸子游曰參分帶下紳居二焉紳韠結三齊大夫大帶四寸雜帶君朱緑大夫玄華士緇辟二寸再繚四寸凡帶有率無箴功此等摠論帶之義也今依而解之○天子素帶朱裏者以素爲帶用朱爲裏終辟辟則裨也終竟帶身在要及垂皆裨故云終辟○而素帶終辟者謂諸侯也以素爲帶不以朱爲裏亦用朱緑終裨○大夫素帶辟垂者大夫亦用素爲帶不終裨但以玄華裨其身之兩旁及屈垂者○士練帶率下辟者士用孰帛練爲帶其帶用單帛兩邊綷而已綷謂纀緝也下裨者但士帶至○者必反屈嚮上又垂而下大夫則摠皆裨之士則用緇唯裨嚮下一垂者○居士錦帶者用錦爲帶尚文也○弟子縞帶者用生縞爲帶尚質也○并紐約用組者并並也紐謂帶之交結之處以屬其紐約者謂以物穿紐約結其帶謂天子以下至弟子之等其所紐約之物並用組爲之故云并紐約用組三寸者謂紐約之組闊三寸也○長齊于帶者言約紐組

餘長三尺與帶垂者齊故云長齊於帶○紳長制士三尺有
司二尺有五寸者紳謂帶之垂者紳重也謂重屈而舒申其
制士長三尺有司長二尺五寸○子游曰參分帶下紳居二
焉記者引子游之言以證紳之長短人長八尺大帶之下四
尺五寸分爲三分紳居二分焉紳長三尺也○紳韠結三齊
者紳謂紳帶韠謂蔽膝結謂約紐餘組三者俱長三尺故云
三齊也○大夫大帶四寸謂合素爲之廣四寸○雜帶君朱
緑大夫玄華士緇辟者雜猶飾也謂飾帶君用朱緑大夫用
玄華士用緇也○士緇辟二寸再繚四寸謂用單練廣二寸
繚繞也再度繞要亦四寸也○凡帶有率無箴功者凡帶謂
有司之帶有繂謂其帶既禪亦以箴緶緝其側但繂襵之而
已無別裨飾之箴功故云無箴功○注而素至終辟○正義
曰以文承天子素帶終辟故知素帶謂諸侯以經不云朱裏
故云諸侯不朱裏下天子也云率繂也士以下皆禪不合而
繂積者以率非縫繞之事故讀爲繂與碑繂同也知士以下
皆禪者以經云士練帶率繂是縫襵之名以縫旁邊故知禪
也云辟讀如裨冕之裨裨者讀如曾子問大祝裨冕之裨也云
人君充之者充滿也人君謂天子諸侯飾帶從首及末徧滿
皆飾故云充之云大夫裨其紐及末者大夫卑但飾其帶紐
以下至於末也云士裨其末而已者士又卑但裨其一條下

垂者故云裨末而已云宜承朱裏終辟者以下文云天子素帶朱裏終辟此文即云素帶終辟次云大夫故知宜承天子素帶之下文相次也。○注三寸至爲衿○正義曰知三寸約帶紐組之廣者以帶廣四寸此云三寸長齊於帶承上紐約用組之下故知是紐廣也云言其屈而重也者解垂帶名紳之意申重也云宜承約用組者以此經直云三寸長齊于帶非發語之端明知有所承次故以爲宜承約用組之下○注雜猶至三齊○正義曰上云裨此云雜故知雜即上之裨也云君裨帶上以朱下以緑者君謂天子諸侯崔氏熊氏並云據要爲正飾帶外邊上畔以朱朱是正色故在上也下畔以緑緑是間色故在下也云大夫裨垂外以玄內以華華黃色也者熊氏云近人爲內遠人爲外玄是天色故在外以華對玄故以爲黃也黃是地色故在內也云士裨垂之下外內皆以緇者士既練帶而士冠禮謂之緇帶據裨色言之故謂之緇帶以裨之外內皆用緇也云宜承紳韠結三齊者以下文三寸長齊于帶合承上紐約用組之後則此大夫大帶一經不得厠在其間故知宜承下紳韠結三齊之後也

韠君朱大夫素士爵韋。

此玄端服之韠也韠之言蔽也凡韠以韋爲之必象裳色則天子諸侯玄端朱裳大夫素裳唯士玄裳黃裳雜裳也皮弁

服皆素韠○韠音必圜殺直目韠制○圜音圓天子直四角直無圜殺公侯前後方殺四角使之方變於天子也所殺者去上下各五寸大夫前方後挫角圜其上角變於君也韠以下爲前以上爲後○挫作臥反士前後正士賤與君同不嫌也正直方之間語也天子之士則直諸侯之士則方韠下廣二尺上廣一尺長三尺其頸五寸肩革帶博二寸頸五寸亦謂廣也頸中央肩兩角皆上接革帶以繫之肩與革帶廣同凡佩繫於革帶○頸吉井反又吉成反大夫大帶四寸雜帶君朱綠大夫玄華士緇辟二寸再繚四寸凡帶有率無箴功雜猶飾也即上之裨也君裨帶上以朱下以綠終之大夫裨垂外以玄內以華華黃色也士裨垂之下外內皆以緇是謂緇帶大夫以上以素皆廣四寸士以練廣二寸再繚之凡帶有司之帶也亦繂之如士帶矣無箴功則不裨之士雖繂帶裨亦用箴功凡帶不裨下士也此又亂脫在是宜承紳韠結三齊○繚音

了箴音針下士崔如字或戶嫁反一命緼韍幽衡再命赤韍幽衡三命赤韍葱衡此玄冕爵弁服之韠尊祭服異其名耳韍之言亦蔽也緼赤黃之間色所謂韎也衡佩玉之衡也幽讀爲黝黑謂之黝青謂之葱周禮公侯伯之卿三命其大夫再命其士一命子男之卿再命其大夫一命其士不命○緼音溫韍音弗幽讀爲黝出注幼糾反黑也下同韎莫拜反又音妹天子素帶朱裏終辟謂大帶也

【疏】韠君至終辟○正義曰此一經摠明韠韍上下尊卑之制唯有大夫大帶一經廁在其間已於帶條說訖○注此玄至素韠○正義曰知此玄端服之韠也者按士冠禮玄端玄裳黃裳雜裳爵韠謂士玄端之韠此云士爵韋故知是玄端之韠也云天子諸侯玄端朱裳者以韠從裳色君既用朱故知裳亦朱色也然天子諸侯祭服玄衣纁裳知此朱韠非祭服韠者若其祭服則君與大夫士無別同是赤色何得云大夫素士爵韋且祭服之韠大夫以上謂之韍士爵弁謂之韎韐不得稱韠也云大夫素裳者大夫玄端以素爲裳故素韠也此則大夫士朝君之服大夫既以素裳爲朝服又以玄端服禮窮則同故也云唯士玄裳黃裳雜裳也者士冠禮謂玄端之裳也士

朝服則素裳故鄭注士冠禮朝服則玄端之衣易其裳耳云皮弁服皆素韠者按士冠禮皮弁服素韠云皆者君與大夫士皮弁皆然故云皆也○注目韠制○正義曰經云圜則下文大夫前方後挫角則圜也經云殺則下文公侯前後方方則殺也經云直則下文云天子直是目韠制也○注殺四至五寸○正義曰以經云前後方是殺四角也上下各去五寸所去之處以物補飾之使方變於天子也云所殺者去上下各五寸者按雜記云韠會去上五寸是上去五寸又云紕以爵韋六寸不至下五寸是去下五寸鄭注雜記云會謂上領縫也領之所用蓋與紕同如鄭此言即上去五寸是領也以爵韋爲領故云領之所用與紕同下云所去五寸純以素故鄭注雜記云純紕所不至者五寸然則上去五寸是領也下去五寸是純也若然唯去上畔下畔而云殺四角者蓋四角之處別異之使殊於餘邊也其會之下紕之上兩邊皆紕以爵韋表裏各三寸故雜記云韠長三尺下廣二尺上廣一尺會去上五寸紕以爵韋六寸不至下五寸純以素紃以五采韠制大略如此但古制難知不可委識或據禮圖天子韠制形如要鼓也以今參驗不附人情故今依附記文參驗情事而爲此說以俟後賢○注圜其至爲後○正義曰以經云後挫角謂殺上角使圜不令方也○注正直方之間語也○正

義曰正謂不衺也直而不衺謂之正方而不衺亦謂之正故云正直方之間語○注頸五至革帶○正義曰云頸五寸亦謂廣者鄭恐上下長五寸故云亦謂廣也其上下及肩與革帶俱二寸也云凡佩繫之革帶者以韠繫於革帶恐佩繫於大帶故云然以大帶用組約其物細小不堪縣韠佩故也○注此玄至不命○正義曰以上經云君朱大夫素士爵韋是玄端服之韠故云此玄冕爵弁服之韠言異於上也此據有孤之國以卿大夫三命再命皆著玄冕若無孤之國則三命再命之卿大夫皆絺冕不得唯玄冕也爵弁則士所服云尊祭服異其名耳者他服稱韠祭服稱韍是異其名韍韠皆言爲韍取韍鄣之義也知祭服稱韍者按易困卦九二朱紱方來利用享祀是祭祀稱韍也按詩毛傳天子純朱諸侯黃朱黃朱色淺則亦名赤韍也則大夫赤韍色又淺耳有虞氏以前直用皮爲之後王漸加飾焉故明堂位云有虞氏服韍夏后氏山殷火周龍章彼注云天子備焉諸侯火而下卿大夫山士韎韐而已云緼赤黃之間色所謂韎也者按此云一命緼韍一命謂公侯伯之士士冠禮爵弁韎韐此緼韍則當彼韎韐故云所謂韎也毛詩云韎韐茅蒐染齊人謂茅蒐爲韎韐聲也茅蒐則蒨草也以蒨染之其色淺赤則緼爲赤黃之間色若子男大夫但名緼韍不得爲韎韐也以其非士故

耳云黑謂之黝青謂之葱者周禮牧人云陰祀用黝牲又孫炎注爾雅云黝青黑葱則青之異色三命則公之卿並冕侯伯之卿絺冕皆亦韍葱衡**王后褘衣夫人揄狄**褘讀如翬揄讀如揺翬揺皆翟雉名也刻繒而畫之著於衣以爲飾因以爲名也後世作字異耳夫人三夫人亦侯伯之夫人也王者之後夫人亦褘衣○褘音暈許韋反注及下同揄音揺羊消反爾雅云伊洛而南素質五色皆備成章曰翬江淮而南青質五色皆備成章曰鷂鷂音揺謂刻畫此雉形以爲后夫人服也翟直歴反著直略反又竹略反

三寸長齊于帶紳長制士三尺有司二尺有五寸子游曰參分帶下紳居二焉紳韠結三齊三寸謂約帶紐組之廣也長齊于帶與紳齊也紳帶之垂者也言其屈而重也論語曰子張書諸紳有司府史之屬也三分帶下而三尺則帶高於中也結約餘也此又亂脫在是宜承約用組結或爲衿○紳音申本亦作申下同重直龍反

君命屈狄再命褘衣一命襢衣士褖衣君女君也屈周禮作闕謂刻繒爲翟不畫也此子男之夫

人及其卿大夫士之妻命服也褘當爲鞠字之誤也禮天子諸侯命其臣后夫人亦命其妻以衣服所謂夫尊於朝妻榮於室也子男之卿再命而妻鞠衣則鞠衣襢衣褖衣者諸侯之臣皆分爲三等其妻以次受此服也公之臣孤爲上卿大夫次之士次之侯伯子男之臣卿爲上大夫次之士次之褖或作稅○屈音闕注同褘依注音鞠居六反又曲六反襢張戰反褖吐亂反注作稅音同

唯世婦命於奠繭其他則皆從男子

奠猶獻也凡世婦已下蠶事畢獻繭乃命之以其服天子之后夫人九嬪及諸侯之夫人夫在其位則妻得服其服矣自君命屈狄至此亦亂脫在是宜承夫人揄狄

【疏】此王后至男子○正義曰此一節論王后以下命婦之服唯有三寸長齊于帶一經廁在其間帶事前文已解訖○王后褘衣者褘讀如翬翬謂畫翬於衣六服之最尊也○夫人揄狄者揄揄搖如搖狄讀如翟翟謂畫翟之雉於衣謂三夫人及侯伯夫人也○君命屈狄者君謂女君子男之妻也被后所命故云君命屈狄者屈闕也狄亦翟也直刻雉形闕其采畫故云闕翟也○再命褘衣者再命謂子男之卿褘當爲鞠謂子男卿妻服鞠衣也○一命襢衣者襢展也子男大夫一命其妻服展衣也○士褖衣者謂子男之士不命其妻

服褖衣鄭注士喪禮褖之言緣黑衣裳以赤緣之○唯世婦命於奠繭者世婦謂天子二十七世婦以下也奠獻也獻繭謂世婦及命婦入助蠶畢獻繭也凡夫尊於朝妻貴於室皆得各服其命服今唯世婦及卿大夫之妻並畢雖已被命猶不得即服命服必又須經入助蠶蠶畢獻繭繭多功大更須君親命之著服乃得服耳故云命於奠繭○其他則皆從男子者其他謂后夫人九嬪及五等諸侯之妻也其夫得命則其妻得著命服不須奠繭之命故云皆從男子○注褘讀至褘衣○正義曰按鄭注內司服引爾雅釋鳥伊雒而南素質五色皆備成章曰翬江淮而南青質五色皆備成章曰搖鄭又云王后之服刻繒爲之形而采畫之綴於衣以爲文章偉衣畫翬者揄翟畫搖者闕翟刻而不畫從王祭先王則服褘衣祭先公則服揄翟祭羣小祀則服闕翟鞠衣黃桑服也色如鞠塵服之以告桑展衣以禮見王及賓客褖衣御于王之服闕翟赤揄翟青褘衣玄鞠衣黃展衣白褖衣黑又鄭志云三狄首服副副覆也所以覆首爲之飾其遺象若今步繇矣鞠衣首服編編列髮爲之其遺象若今假紒矣展衣褖衣首服以次第髮長短爲之所謂髲髢若燕居之時則亦褖衣驪笄總而已其六服皆以素紗爲裏故內司服陳六服之下云素紗鄭注云六服皆袍制以白縛爲裏云夫人三夫人亦侯

伯之夫人也者以經云王后褘衣則云夫人揄狄其文相次
故以夫人爲三夫人但三夫人與三公同對王爲屈三公執
璧與子男同則三夫人亦當與子男夫人同故鄭注司服疑
而不定云三夫人其闕狄以下乎爲兩解之也云王者之後
夫人亦褘衣者以禮記每云君衮冕夫人副褘王者之後自
行正朔與天子同故祭其先王服上服也若祭先公則降焉
魯祭文王周公其夫人亦褘衣故明堂位云君衮冕立于阼
夫人副褘立于房中是也○注君女至作稅○正義曰以禮
君命其夫后命其婦則子男之妻不得受天子之命故以爲
君謂女君是子男之妻受后之命或可女君謂后也命子男
妻故云君命云此子男之夫人及其卿大夫士之妻命服也
者以典命云子男之卿再命其大夫一命其士不命此云再
命褘衣一命襢衣士褖衣又承闕狄下正與子男同故知據
子男夫人及卿大夫士之妻也褘衣是王后之服故疑當爲
鞠衣云子男之卿再命而妻鞠衣則鞠衣襢衣褖衣者諸侯
之臣皆分爲三等其妻以次受此服也者鄭爲此言欲明諸
侯臣之妻唯有三等之服云公之臣孤爲上卿大夫次之士
次之者以司服云孤絺冕而下卿大夫玄冕而下士皮弁而
下此謂上公臣爲三等云侯伯子男之臣卿爲上大夫次之
士次之者以此經再命鞠衣一命襢衣士褖衣士與大夫不

同又典命子男之卿再命大夫一命士不命尚分爲三等侯伯之卿三命大夫再命士一命是亦三等可知鄭云然也○注奠猶至揄狄○正義曰凡獻物必先奠於地故云奠猶獻也云凡世婦以下蠶事畢獻繭乃命之者三夫人九嬪其位既尊不須獻繭自然得命也世婦以下位卑因獻繭乃得命言以下則女御亦然經唯云世婦舉其貴者

凡侍於君紳垂足如履齊頤霤垂拱視下而聽上視帶以及袷聽鄉任左紳垂則磬折也齊裳下緝也袷交領也○齊音咨本又作齎注同頤以支反霤力救反袷居業反鄉許亮反折之列反又市列反篇末放此緝七入反

凡君召以三節二節以走一節以趨節所以明信輔君命也使使召臣急則持二緩則持一周禮曰鎮圭以徵守其餘未聞也今漢使者擁節○使使上音史下色吏反鎮珍刃反徐音珍守手又反漢使色吏反

在官不俟屨在外不俟車趨君命也必有執隨授之者官謂朝廷治事處也○處昌慮反

【疏】凡侍至俟車○正義曰此一節論人臣侍君及被君召之儀○凡侍於君者謂臣侍君法

也凡者臣無貴賤皆然也○紳垂者紳大帶也身直則帶倚磬倚則帶垂足如履齊者齊裳下緝也身折則裳前下緝委地故行則足恒如踐履裳下也頤霤者霤屋簷身俯故頭臨前垂頤如屋霤○垂拱者拱沓手也身俯則宜手沓而下垂也○視下而聽上者視高則敖故下矚也聽上謂聽尊者語宜諦聽故仰頭而面嚮上以聽之也○視帶以及袷者視尊者之處也袷交領也視君之法下不過帶高不過袷故曲禮云凡視上於面則敖下於帶則憂是也○聽鄉任左者此解聽上也庾云聽上及聽鄉任左皆備君教使也鄭注少儀曰立者尊右則坐者尊左也侍君之時君坐故侍者在右是以聽鄉皆以左爲任也此謂臣以左耳近君故云任左○凡君召以三節二節以走一節以趨者節者以玉爲之所以明信輔於君命者也君使使召臣有二節時有一節時故合云三也隨事緩急急則二節臣故走也緩則一節臣故趨也庾氏云君召以三節者謂君召臣急則以二節緩則以一節急緩不出於三耳不謂節盡於三也在官不俟屨在外不俟車者急趨君召也官謂朝廷治事處也外謂其室及官府也在官近不須車故言屨在外遠故云車○注周禮至擁節○正義曰此周禮典瑞文引之者證君召臣之節謂徵召守國諸侯以鎮圭召之云其餘未聞者謂召諸侯之外別召餘臣未聞

云今漢使擁節者擁持也漢時使人召臣持節召之也○士於大夫不敢拜迎而拜送禮不敵始來拜則士辟也○辟音避下亦辟辟先辟德皆同士於尊者先拜進面荅之拜則走士往見卿大夫卿大夫出迎荅拜亦辟也【疏】士於至則走○正義曰此一節明士於尊者之法士於大夫不敢拜迎者此謂大夫詣士禮既不敵故士不敢迎而先拜大夫雖拜士則辟之○而拜送者按儀禮鄉射鄉飲酒公食聘禮但是主人送賓者皆主人再拜賓不荅拜鄭注云不荅拜者禮有終故也士於尊者先拜者謂士往詣卿大夫即先於門外拜之也○進面士先於外拜拜竟乃進面親相見也○荅之拜則走者若大夫出迎而荅拜於士則士走辟之也

士於君所言大夫沒矣則稱謚若字名士與大夫言名士字大夫君所大夫存亦名【疏】士於至大夫○正義曰此一節論士於君及大夫之所言羣臣之法○士於君所言大夫者謂士在君前與君言論及於大夫也○沒矣則稱謚若字者君前臣名若彼大夫生則士呼其名若彼大夫已死沒而士於君前

言則稱彼謚無謚則稱字不呼其名敬貴故也○名士者士賤雖已死而此生士與君言猶呼死士名也○與大夫言名士字大夫者謂士與大夫言次論及他生大夫士之法也士賤故呼之名大夫貴故呼之字也若大夫士卒則字士謚大夫

於大夫所有公諱無私諱公諱若言語所辟先君之名

凡祭不諱廟中不諱謂祝嘏之辭中有先君之名者也凡祭祭羣神廟中上不諱下○嘏古雅反

教學臨文不諱爲或未知者○爲于僞反下爲幼爲起事同

疏 於大至不諱○正義曰此一節論諱與不諱之法○有公諱無私諱者謂士及大夫言但諱君家不自私諱父母也崔氏云謂伯叔之諱耳若至親則不得言庾云謂士與大夫言有音字同己祖禰名字皆不得諱辟敬大夫故不重敬凡祭不諱廟中不諱者謂祝嘏之辭中有先君名者也凡祭祭羣神也謂社稷山川百神也祝嘏辭中有先君之名不諱之也廟中上不諱下若有事於祖則不諱父也有事於父則諱祖○教學臨文不諱者教學爲師長也教人若諱疑誤後生也臨文謂簡牒及讀法律之事也若諱則失於事正也

○古之君子必佩玉比德焉君子士

已上右徵角左宮羽玉聲所中也徵角在右事也民也可以勞宮羽在左君也物也宜逸○徵張里反注同中丁仲反下文同趨以采齊路門外之樂節也門外謂之趨齊當爲楚薺之薺○趨七須反本又作趣齊依注作薺疾私反采薺詩篇名行以肆夏登堂之樂節周還中規反行也宜圜○還音旋本亦作旋下同圜音圓折還中矩曲行也宜方○折之設反進則揖之退則揚之然後玉鏘鳴也揖之謂小俛見於前也揚之謂小仰見於後也鏘鏘聲貌○鏘七羊反見賢遍反下同故君子在車則聞鸞和之聲行則鳴佩玉是以非辟之心無自入也鸞在衡和在式自由也○辟本又作僻匹亦反又婢亦反徐芳益反○君在不佩玉左結佩右設佩謂世子也出所處而君在焉則去德佩而設事佩辟德而示即事也結其左者若於事有未能也結者結其綬不使鳴也居則設佩謂所處而君不在焉朝則結佩朝於

君亦結左齊則綪結佩而爵韠綪屈也結又屈之思神靈不在事也爵韠者齊服玄端○齊側皆反注同綪側耕反凡帶必有佩玉唯喪否喪主於哀去飾也凡謂天子以至士佩玉有衝牙居中央以前後觸也○衝昌容反君子無故玉不去身君子於玉比德焉故謂喪與災眚○災音裁眚色耿反天子佩白玉而玄組綬公侯佩山玄玉而朱組綬大夫佩水蒼玉而純組綬世子佩瑜玉而綦組綬士佩瓀玟而縕組綬玉有山玄水蒼者視之文色所似也綬者所以貫佩玉相承受者也純當爲緇古文緇字或作絲旁才綦文雜色也縕赤黃○綬音受純讀爲緇側其反瑜羊朱反綦音其瓀而兗反徐又作瑌同玟武巾反字又作砇同縕音溫孔子佩象環五寸而綦組綬謙不比德亦不事也象有文理者也環取可循而無窮

（疏）古之至中邠○正義曰此一節廣明

佩玉之事各隨文解之○注比德至已上○正義曰按詩秦風云言念君子溫其如玉是玉以比德按聘義云溫潤而澤仁也縝密以栗知也廉而不劌義也垂之如隊禮也孚筠旁達信也是玉以比德也按下文云天子佩白玉下至士是君子含士以上也○注玉聲至宜逸○正義曰玉聲所中也者謂所佩之玉中此徵角宮羽之聲云事也民也可以勞者按樂記角爲民徵爲事右廂是動作之方而佩徵角事則須作而成民則供上役使故可勞而在右也云君也物也宜逸者按樂記云宮爲君羽爲物今宮羽在左是無事之方君宜靜而無爲物宜積聚故在於左所以逸也○注路門至之薺○正義曰路寢門外至應門謂之趨於此趨時歌采薺爲節云薺當爲楚薺之薺者按詩小雅有楚茨之篇此作薺字故讀爲楚茨之茨音同耳其義則異○注登堂之樂節○正義曰路寢門內至堂謂之行於行之時則歌肆夏之樂按爾雅釋宮云室中謂之時堂上謂之行堂下謂之步門外謂之趨中庭謂之走大路謂之奔此對文耳若揔而言之門內謂之行門外謂之趨鄭注樂師云行謂於大寢之中趨謂於朝廷然則王出既服至堂而肆夏作出路門而采薺作其反入至於應門路門亦如之此謂步迎賓客王如有車出之事登車於大寢西階之前反降於阼階之前尙書傳曰天子將出撞黃

鐘之鐘右五鐘皆應入則撞蕤賓之鐘左五鐘皆應是也。注反行也宜圜。正義曰反行謂到行反而行假令從北嚮南或從南嚮北。注曲行也宜方。正義曰曲行謂屈曲而行假令從北嚮南行曲折而東嚮也。進則至鳴也。揖俯也若行前進則身恒小俯俛也。退則揚之者揚仰也卻退還行則身微仰也。然後玉鏘鳴也者若進俯退仰則然後佩離身而直行搖動佩自擊所以玉聲得鏘鏘而鳴也。注揖之至後也。正義曰見於前者謂佩嚮前垂而見之見於後者謂佩嚮後垂而見也是以非辟之心無自入也。謂君子恒聞鸞和佩玉之正聲自由也是以非類邪辟之心無由入於身也。注鸞在衡和在式。正義曰鸞在衡和在式韓詩外傳文也若鄭康成之意此謂平常所乘之車也若田獵之車則鸞在馬鑣也故注秦詩云置鸞於鑣異於乘車鄭於秦詩既已明言故於毛詩傳云在軾曰和在鑣曰鸞鄭不復易毛也又於商頌箋云鸞在鑣同毛氏之說亦不復具言以秦詩箋已明言故也。君在至設佩。謂世子出所處而與君同在一處則不敢佩玉玉以表德去之示已無德也。左結佩者佩亦玉佩既不佩玉而結左佩也鄭云結者結其綬不使鳴也賀云事佩綬且不鳴今云結綬使不鳴則猶在佩玉也。右設佩者結左邊玉佩而設右邊事佩事佩是木燧大觿之屬。注謂世至鳴也。正義曰知謂世子也者以臣之對君則恒佩玉故下云君子無故玉不去身前文云然後玉鏘鳴也是臣之去朝君備儀盡飾當佩玉今云君在不佩玉故知非臣下云世子佩瑜玉是以知世子也云出所處而君在焉者以下文朝則結佩謂朝時明此君在非朝處也云去德佩者謂結玉佩不使鳴非謂全去也云而設事佩者大觿木燧之屬也云辟德而示即事也者以辟德不敢當故去德佩而示有勞役之事以奉於上故設事佩也自朝則結佩朝結佩及設佩亦皆謂世子。齊則綪結佩此謂總包凡應佩玉之人非唯世子綪屈也謂結其綬而又屈上之也。而爵韠者謂士玄端齊故爵韋爲韠也而熊氏皇氏並謂諸侯以下皆以玄端齊而以爵韋爲韠同士禮以其齊故不用朱韠素韠也義或然也。佩玉有衝牙凡佩玉必上繫於衝下垂三道穿以蠙珠下端前後以縣於璜中央下端縣以衝牙動則衝牙前後觸璜而爲聲所觸之玉其形似牙故曰衝牙皇氏謂衝牙居中央牙是外畔兩邊之璜以衝牙爲二物若如皇氏說鄭何得云牙居中央以爲前後觸也。注玉有至赤黃。正義曰玉有山玄水蒼者視之文色所似也者玉色似山之玄而雜有文似水之蒼而雜有文故云文色所似但尊者玉色純公侯以下玉色漸雜而世子及士唯論玉質不明玉色則玉色不定也瑜是玉之美者故世子佩之承上天子諸侯則世子天子諸侯之子也然諸侯之世子雖佩瑜玉亦應降殺天子世子也瑞玟石次玉者賤故士佩之云純當爲緇者以經云玄組朱組皆是色則純亦是色也故讀純爲緇鄭讀純爲緇其例有異若經文絲帛義分明而色不見者即讀純爲緇媒氏云純帛不過伍兩以有帛字故純爲緇祭統云后夫人蠶事以供純服以其供蠶絲義分明故讀純爲緇論語云麻冕禮也今也純儉稱古用麻今用純則絲可知也以色不見故讀純爲緇若色見而絲不見則不破純字以義爲絲昏禮女次純衣注云純衣絲衣如此之類是也云綦文雜色也者顧命四人綦弁云綦青黑色鄭風縞衣綦巾注云綦蒼艾色是綦爲雜色又說文云綦蒼艾是雜色也○孔子佩象環五寸而綦組綬○孔子以象牙爲環廣五寸以綦組爲綬也所以然者失魯司寇故謙不復佩德佩及事佩示己無德事也佩象環者象牙有文理言己有文章也而爲環者示己文教所循環無窮也五寸法五行也言文教成人如五行成物也

〇童子之節也緇布衣錦緣錦紳并紐錦束髮皆朱錦也童子未冠之稱也冠禮曰將冠者采衣紒也○并紐必正反下

女丑反冠古亂反下並同稱尺證反紒音計肆束及帶勤者有事則收之走則擁之肆讀爲肄肄餘也餘束約紐之餘組也勤謂執勞辱之事也此亦亂脫在是宜承無箴功○肄音肆以四反童子不裘不帛不屨約無緦服聽事不麻無事則立主人之北面見先生從人而入皆爲幼少不備禮也雖不服緦猶免深衣無麻往給事也裘帛溫傷壯氣也約屨頭飾也○約其俱反見賢徧反少詩照反下少儀同免音問疏童子至而入○正義曰此一節論童子之儀唯有肆束及帶一經鄭云爛脫廁在其間宜承上無箴功之下今先釋之後論童子之事○肆束及帶者肆餘也謂約束帶之餘組及帶之垂者若身充勤勞之事當有事之時則收斂之爲其事之切迫身須趍走則擁抱之收謂斂持在手擁謂抱之於懷也○童子之節也者謂童稚之子未成人之禮節○緇布衣者謂用緇布爲衣尚質故也○錦緣錦紳并紐者謂用錦爲緇布衣之緣又用錦爲紳帶并約帶之紐皆用錦也○錦束髮者以錦爲總而束髮也○皆朱錦也者言童子所用之錦皆用朱色之錦

童子尚華示將成人有文德故皆用錦示一文一質之義也○童子不裘不帛者爲大溫傷壯氣也○不屨絇者絇屨之飾也未成人不盡飾爲節也○無緦服者童子唯當室與族人爲禮有恩相接之義故遂服本服之緦耳若不當室則情不能至緦故不服也○聽事不麻者鄭注云雖不服緦猶免深衣無麻往給事也然鄭意是言童子雖不緦猶著免深衣無經以往給事緦喪使役也王云聽事不麻也庾謂此云無麻謂不當室也按問喪及鄭注之意皆以童子不當室則無免而此注云猶免者崔氏熊氏並云不當室而免者謂未成服而來也問喪云不當室不免者謂據成服之後也○無事則立主人之北南面者主人喪主也此童子來聽使若有事則使之若無事時在旁謂在主人之北南面而立○見先生從人而入者先生師也童子不能獨爲禮若往見師則隨成人而入人也○注雖不服緦猶免深衣○正義曰知猶免深衣者以經但云無緦服是但不著緦服耳猶同初著深衣也知免者以問喪云免者不冠者之服故知未成服童子雖不當室猶著免也

○**侍食於先生異爵者後祭先飯**謙也○飯扶晚反**客祭主人辭曰不足祭也**祭者盛主人之饌也**客飧**

主人辭以疏飧者美主人之食也疏之言麤也○飧音孫注及下同主人自置其醬則客自徹之敬主人也徹莫千序端一室之人非賓客一人徹同事合居者也賓客則各徹其饌也壹食之人一人徹壹猶聚也爲赴事聚食也凡燕食婦人不徹婦人質不備禮

疏侍食至不徹○正義曰此一節論侍食及徹饌之節侍食於先生及異爵者此謂几成人禮異爵謂尊於己也○後祭先飯者此饌不爲己故後祭而先飯者示爲尊者嘗食也○客祭者盛主人之饌具故祭之主人辭曰不足祭也者凡主人於客悉皆然也祭是盛主人之饌也故主人致辭云疏食不足備禮也○客飧者若食竟作三飯飧也主人辭以疏者疏麤也飧是已食飽飽猶食美故主人見客飧而致辭云麤食傷客不足致飽若欲使更食然也○主人自置其醬則客自徹之者主人敬客則自置其醬則客宜報敬故自徹之曲禮曰主人親饋是也一室之人非賓客一人徹者謂同事而合居一室若賓客則各徹其饌今合居既無的賓主故必少者一人徹饌也○壹食之人一人徹者壹猶聚也謂暫爲赴事壹聚共食共食竟則

亦不人人徹亦排一人徹也○凡燕食婦人不徹者婦人質不備禮也緣男子有徹義故明婦人禮也○食棗桃李弗致于核恭也○核行隔反瓜祭上環食中弃所操上環頭忖也○操七刀反忖本又作刌寸本反徐子本反凡食果實者後君子陰陽所成非人事也○後胡豆反火孰者先君子○備火齊不得也○先悉薦反齊才細反有慶非君賜不賀唯君賜爲榮也有憂者此下絕亡非其句也勤者有事則收之走則擁之此補脫重○脫音奪重直用反又直龍反

【疏】食棗至擁之○正義曰此一節明食果實及非君賜不賀之事謂其懷核不置於地也○瓜祭上環者食瓜亦祭先也○環者橫斷形如環也斷則有上下環也上環是疐閒下環是脫華處也祭時取上環祭之也○食中者用上環將祭而食中也○棄所操者操謂手所持者棄之不食忖切謂切瓜頭頭切去疐此庶人法也○凡食果實者後君子者果實是陰陽所成非關人事故不得先嘗也○火孰者先君子者人○孰和調是人之所爲恐和齊不備故先於君子而嘗之○

有慶非君賜不賀者有慶謂或宗族親戚燕飲聚會雖吉不相賀不足爲榮故也唯受君之賜爲榮故相拜賀故云非君賜不賀也

孔子食於季氏不辭不食肉而飧以其待已及饌非禮也

疏孔子至而飧。正義曰凡客將食興辭而孔子不辭者必是季氏進食不合禮也。不食肉而飧者凡禮食先食胾次食殽乃至肩至肩則飽乃飧孔子在季氏家食不食肉而仍爲飧者是季氏饌失禮故也

君賜車馬乘以拜賜衣服服以拜敬君惠也賜君未有命弗敢即乘服也謂卿大夫受賜於天子者歸必致於其君君有命乃服之君賜稽首據掌致諸地致首於地據掌以左手覆按右手也。覆芳服反酒肉之賜弗再拜輕也受重賜者拜受又拜於其室也凡賜君子與小人不同日愼於尊卑。愼一本作順

疏君賜至同日。正義曰此一節論受君賜之法。君賜車馬乘以拜賜衣服服以拜者謂受君賜賜至則拜至明日更乘服所賜往至君所又拜敬重君恩故也。賜君未有命弗

敢即乘服也者此使臣雖受賜於王不敢即乘服當歸國獻其君君命與之則臣乃乘服耳若君未有命即不敢乘服也○君賜者明受君賜拜謝之法也○稽首者頭至地也據掌者據按也謂卻右手而覆左手按於右手之上也致諸地者致至也謂頭及手俱至地左手按於右手之上至地也○酒肉之賜弗再拜者亦謂君賜也再猶重也酒肉輕但初賜至時則拜至明日不重往拜也○凡賜君子與小人不同日者凡於君子小人也不同日者慎尊卑之雜也

凡獻於君大夫使宰士親皆再拜稽首送之敬也

膳於君有葷桃茢於大夫去茢於士去葷皆造於膳宰膳美食也葷桃茢辟凶邪也大夫用葷桃士桃而已葷薑及辛菜也茢菼帚也造於膳宰既致命而授之葷或作焄○葷許云反注焄同茢音列又音例去起呂反下同造七報反注同辟必亦反邪似嗟反菼吐敢反郭璞云烏蓲也取其苗為帚帚本或作箒之手反

大夫不親拜為君之荅己也不敢變動至尊○為于偽反下注為其同

疏凡獻至己也○正義曰此一節論臣獻君之物及致膳於尊者

之義。凡獻於君者凡於大夫士也謂大夫士有食獻君法也。大夫使宰者大夫尊恐君拜已之獻故不自往而使已膳宰往獻也。士親者以士賤不嫌君拜故身自親送也。皆再拜稽首送之者雖大夫使人初於家亦自拜送而宰將命及士自送至於君門付小臣之時宰及士皆再拜而送之也。膳於君有葷桃茢者美食曰膳謂天子諸侯之臣獻孰食於君法也恐邪氣干犯故用辟凶邪之物覆之葷謂薑之屬也桃桃枝也茢菼帚也。於大夫去茢者謂大夫之臣以食獻大夫降於正君除去茢餘有葷與桃也。於士去葷者謂士之臣吏以食獻士也又去葷唯餘桃耳。皆造於膳宰者皆皆於君大夫士也造至也膳宰主飲食官也獻孰食者操醬齊以致命致命竟而以所獻之食悉付主人之食官也。大夫不親拜爲君之荅已也者解大夫所以不自獻義也自獻則屈動君拜荅已也故不親也

大夫拜賜而退士待諾而退又拜弗荅拜小臣受大夫之拜復以入告大夫拜便辟也。復扶又反下不復同辟音避下辟尊者同

大夫親賜士士拜受又拜於其室衣服弗服以拜異於君惠也拜受又就拜於其家是所謂再拜也

敵者不在拜於其室謂來賜時不見也見則不復往也。敵本又作適音狄凡於尊者有獻而弗敢以聞此謂獻也少儀曰君將適他臣若致金玉貨貝於君則曰致馬資於有司是其類也士於大夫不承賀下大夫於上大夫承賀承受也士有慶事不聽大夫親來賀已不敢變動尊也。聽天丁反親在行禮於人稱父人或賜之則稱父拜之事統於尊

疏 大夫至拜之。正義曰此一節明尊卑受賜拜謝之禮各隨文解之。大夫拜賜而退者大夫往拜至於門外告君之小臣小臣受其辭入以白君小臣亦入大夫乃拜之拜竟則退不待白報恐君召進荅已故也士待諾而退者君不拜士士故於外拜拜竟又待小臣傳君之報諾出以退。又拜者小臣傳君諾出則士又拜君之諾報也。弗荅拜者謂君不荅士拜也。大夫親賜士士拜受又拜於其室者初亦即拜受又往彼家拜也。衣服弗服以拜者得君賜服服以拜大夫輕故不服其所賜而往拜之也。注拜受至拜也。正義曰所謂再拜也者前云酒肉之賜弗再拜此非酒肉賜故再拜

也。敵者不在拜於其室。其室獻者之家也敵者相獻若當時主人在則主人拜受不復往彼家拜謝獻也若獻時主人不在所留物置家主人還必往彼家拜也若朋友則論語云朋友之饋非祭肉雖車馬不拜也。凡於尊者有獻而弗敢以聞者。凡謂賤者也謂臣有獻於君士有獻於大夫也不敢以聞者謂有物以獻尊者其辭不敢云獻聞於尊者但當云致馬資於有司及贈從者之屬也。注此謂至類也。正義曰引少儀者證不敢聞也他他國也君或朝天子或往朝諸侯若臣有金玉貨貝物獻君者但云致馬資於有司不敢言獻君也言君尊恒足應無所乏故也。士於大夫不承賀者承受也不受賀者謂士有慶事不聽大夫親來賀已不敢變動尊者故也。下大夫於上大夫承賀者尊相近故受也

○禮不盛服不充 禮盛者服充大事不崇曲敬 故大裘不裼

乘路車不式 謂祭天也周禮王祀昊天上帝則服大裘而冕乘玉路或曰乘兵車不式

疏 禮不至不式。正義曰此一節明禮盛者不崇小敬。禮不盛服不充者充猶襲也服襲是充美於內唯盛禮乃然也故聘及執玉龜皆襲是爲盛禮故也故大裘不裼者證禮盛服充時也郊禮盛服大裘則無別衣裼之是不見美也。乘路

車不式者路車謂玉路郊天車也不式謂乘車從門閭過不式亦是禮盛不爲曲敬之例也○父命呼唯而不諾手執業則投之食在口則吐之走而不趨至敬。唯于癸反徐以水反親老出不易方復不過時不可以憂父母也易方爲其不信已所處也復反也親癠色容不盛此孝子之疏節也言非至孝也癠病也王季有疾文王色憂行不能正履。癠才細反父沒而不能讀父之書手澤存焉爾母沒而杯圈不能飲焉口澤之氣存焉爾孝子見親之器物哀惻不忍用也圈屈木所爲謂卮匜之屬。圈起權反注同卮音支匜以支反【疏】父命至焉爾。正義曰此一節明子事親之禮。父命呼者父召子也命謂遣人呼非謂自喚也亦云爲父命所呼也。唯而不諾者應之以唯而不稱諾唯恭於諾也手執業則投之食在口則吐之者急趨父命故投業吐食也。走而不趨者趨疾趨也但急走往而不暇疾趨也。親老出不易方者方常也若啓往甲則不得往乙也若覔不見則老人易憂愁也。復不過時者復還也假旦啓云日中還不得過中謂若屢易方親忽須見之則不復信己得往常處也此云老者若親未老子出或苟有礙則亦許易方過期也而論語云父母在不遠遊遊必有方亦當謂老者耳。親瘠者瘠病也謂父母病也。色容不盛者謂親之病孝子當憂愁危懼行不能正履也今親病唯色容不充盛而已不能顯顇憂愁危懼此乃是孝子疏簡之節言孝心不篤也。父沒而不能讀父之書手澤存焉爾者此孝子之情父沒之後而不忍讀父之書謂其書有父平生所持手之潤澤存在焉故不忍讀也。母沒而杯圈不能飲焉口澤之氣存焉爾者言孝子母沒之後母之杯圈不忍用之飲焉謂母平生口飲潤澤之氣存在焉故不忍用之經云不能者謂不能忍爲此事書是男子之所有故父言書杯圈是婦人所用故母言杯圈也。君

入門介拂闑大夫中棖與闑之間士介拂棖

此謂兩君相見也棖門楔也君入必中門上介夾闑大夫介士介鴈行於後示不相沿也君若迎聘客擯者亦然。介音界下及注同闑魚列反門橛也棖直衡反門楔也謂兩旁木楔徐古入反皇先結反行戶剛反沿悅宣反○賓

入不中門不履閾辟尊者所從也此謂聘客也閾門限。閾音域又況域反公事自闑西聘享也私事自闑東覿面也（疏）君入至闑東。正義曰此一節論兩君朝聘卿大夫入門之儀各依文解之。○君入門者此一經明朝法也入門謂入大門也君必中門。○介拂闑者介謂上介稍近君故拂闑。○大夫中棖與闑之間者大夫之介微遠於闑故當棖與闑之間。○士介拂棖者士介卑去闑遠故拂棖闑謂門之中央所豎短木也棖謂門之兩旁長木所謂門楔也介者副也。○注此謂至亦然。○正義曰以經云君入門故知兩君相見也云鴈行於後示不相沿也者鴈行參差節級崔氏皇氏並云君必中門者謂當棖闑之中主君在闑東賓在闑西主君上擯在君之後稍近西而拂闑賓之上介在賓之後稍近東而拂闑大夫擯介各當君後在棖闑之中央義或當然今依用之。○賓入不中門不履閾者。○前經明朝此經明聘賓入者賓謂聘賓也不中門謂不當闑西棖闑之中央也而稍東近闑也。○不履閾者閾門限足不履踐門限之上以言賓入不中門故注云謂聘客也。○公事自闑西者謂行聘享之禮聘享是奉君命而行故謂之公事自闑西用賓禮也。○私事自闑東者謂私覿私面非行君命故謂之私事自闑東者從臣禮示將爲主君之臣也○君與尸行接武尊者尚徐蹈半迹○蹈呼報反大夫繼武迹相及也士中武迹間容迹徐趨皆用是君大夫士之徐行也皆如與尸行之節也疾趨則欲發而手足毋移疾趨謂直行也疏數自若發謂起屨也移之言靡迤也毋移欲其直且正欲或爲數○毋移上音無下如字數色角反下同迤羊爾反圈豚行不舉足齊如流圈轉也豚之言若有所循不舉足曳踵則衣之齊如水之流矣孔子執圭則然此徐趨也○圈舉遠反又去阮反注同豚本又作豚同大本反徐徒困反注同齊如音咨本又作齌同踵章勇反席上亦然尊處亦尚徐也○處尺慮反端行頤霤如矢弁行剡剡起屨此疾趨也端直也頤或爲䨨也○頤霤上音夷下力救反弁皮彥反急也剡以漸反字林因冉反䨨音夷徐音追執龜玉舉前曳踵蹜蹜如也著徐趨之事○宿宿色六反本或作蹜同疏君與至如也○正義曰此一節明行步徐趨疾趨之儀○君與

尸行接武者明貴賤與尸行步廣狹不同也君天子諸侯也
武迹也接武者二足相躡每蹈於半未得各自成迹故云接
武也尊者舒遲故君及尸並步遲狹。大夫繼武者謂大夫
與其尸行時繼武者謂兩足迹相接繼也大夫漸卑故與尸
行步稍廣速也。士中武者謂士與其尸行也中猶間也每
徙足間容一足地乃躡之也士極卑故及尸行步極廣也徐
趨皆用是者徐趨皆遲行也皆皆於君大夫士也是此也言
皆用此與尸行步之節。疾趨則欲發者疾趨謂他事行禮
須直身速行時也發起也既無所執持而欲屨頭恒起無復
繼接之異其迹或疏或數自若尋常故注云疏數自若貴賤
同然也。而手足毋移者移謂靡匜搖動也雖屨恒欲起而
手足猶宜直正不得邪低靡匜搖動也。圈豚行者此釋言
徐趨之形也圈轉也豚循也言徐趨法曳轉足循地而行也
。不舉足者謂足不離地。齊如流者齊裳下緝也足既不
舉身又俯折則裳下委地曳足如水流狀也。席上亦然者
然如是也言在席上未坐其行之時亦如是圈豚行齊如流
也。端行頤霤如矢者此一經覆上疾趨之節也端行謂直
身而行也頤霤者行既疾身乃小折而頭直俯臨前頤如屋
霤之垂也。如矢者矢箭也身趨前進不邪如箭也。弁行
者弁急也既是疾趨宜急行也。剡剡起屨者剡剡身起貌

也急行欲速而身屨恒起也○執龜玉舉前曳踵蹜蹜如也者此一經論徐趨之事言執龜玉之時有此徐趨也○舉前曳踵者踵謂足後跟也謂將行之時初舉足前後曳足跟行不離地蹜蹜如也言舉足狹數蹜蹜如也○凡行容惕惕惕惕直疾貌也凡行謂道路也○惕音傷又音陽直而疾也○廟中齊齊恭慤貌也○齊才兮反賀在啓反朝廷濟濟翔翔莊敬貌也○濟徐子禮反有威儀也翔本又作洋音詳

疏凡行容惕惕廟中齊齊朝廷濟濟翔翔○正義曰此一節明道路廟中朝廷行步之法○凡行容惕惕者惕惕直而疾貌也道路雖速疾又不忘於直故其容直而疾也○廟中齊齊者齊齊自收持嚴正之貌也以對神不敢舒散故貌恭慤齊齊然○朝廷濟濟翔翔者濟濟有威儀矜莊也翔翔行而張拱也並朝廷所須也○

○君子之容舒遲見所尊者齊遬謙慤貌也遬猶蹙蹙也○齊遬一音咨又側皆反下文音速猶蹙蹙子六反足容重舉欲遲也○手容恭高且正也目容端不睇視也○睇大計反口容止不妄動也聲容靜不噦

欵也○嘁於厥反欵苦大反頭容直不傾顧也氣容肅似不息也立容德如有予也○德如字得也徐音置色容莊勃如戰色坐如尸尸居神位敬慎也○燕居告溫溫告謂教使也詩云溫溫恭人疏君子至溫溫○正義曰此一節明君子動止之儀手足口目之節也○君子之容舒遲者舒遲閑雅也○見所尊者齊遬者君子雖尋常舒遲若見所尊之人則齊遬齊謂齊齊也遬遬謂蹙蹙言自斂持迫促不敢自寬奢故注云謙慤貌也是齊遬爲謙敬之貌皇氏云齊齊謂裳下緝遬遬謂蹙斂見所尊之人自俯下身裳下蹙斂則齊蹙是裳之體注何得云謙慤貌也皇氏說非也目容端者目宜端正不邪睇而視之○立容德者德得也立則磬折如人授物與己己受得之形也賀云德有所施與之名也立時身形小俯嚮前如授物與人時也故注云如有予也會前兩注也○色容莊者欲常矜莊勃如戰色不作變動也○燕居告溫溫者燕居謂私燕所居也色尚和善教人使人之時唯須溫溫不欲嚴慄○注詩云溫溫恭人○正義曰此詩小雅小宛之篇刺幽王之詩○凡祭容貌顏色如見所祭者如睹其人在此○如覩丁古反疏凡祭

至祭者○正義曰此一節明祭之時也凡祭謂諸祭也容貌顔色如見所祭者容貌恭敬顔色温和如似見所祭之人謂祭如在也○喪容纍纍羸憊貌也○纍良追反羸力皮反憊皮拜反○色容顛顛憂思貌也○顛字又作顚音田又丁年反思息嗣反○視容瞿瞿梅梅不審貌也○視容又作目容瞿紀具反又紀力反言容繭繭聲氣微也○繭古典反【疏】喪容至繭繭○正義曰此一節論居喪容貌言語瞻視之儀○喪容纍纍者謂容貌瘦瘠纍纍然○色容顛顛者顔色憂思顛顛然不舒暢也○視容瞿瞿梅梅者瞿瞿驚遽之貌梅梅猶微微謂微昧也孝子在喪所視不審故瞿瞿梅梅然○言容繭繭者繭繭猶緜緜聲氣微細繭繭然○戎容暨暨果毅貌也○暨其記反言容詻詻教令嚴也○詻五格反○色容厲肅儀形貌也視容清明察於事也○視如字徐市志反立容辨卑毋讇辨讀爲貶自貶卑謂磬折也讇爲傾身以有下也○辨讀爲貶彼檢反字林貶音方犯反讇音諂舊又音鹽注同有下戶嫁反頭頸必中頭容直山

立不搖動也時行時而後行也詩云威儀孔時盛氣顚實揚休顚讀爲闐揚讀爲陽聲之誤也盛聲中之氣使之闐滿其息若陽氣之躰物也○顚依注讀爲闐音田○玉色色不變也

疏戎容至玉色○正義曰此一節明戎容之體暨暨果毅剛強之貌○言容詻詻者謂教令嚴猛也軍旅行教令宜嚴猛也○色容厲肅者厲嚴也肅威也軍中顏色尚威嚴也以義斷割使義形貌故嚴威也視容清明者謂瞻視之容須清察明審○立容辨卑者謂在軍中立之形容常貶損卑退磬折恭敬不得驕敖忽略士卒○毋讇者軍中尚威武雖自貶退當有威可畏無得過爲讇曲以屈下於人○頭頸必中者頭容直不低迴也○山立者若住立則嶷如山之固不搖動也樂記云總干而山立不動搖也○時行者觀時而行也盛氣顚實揚休者顚塞也實滿也揚陽也休養也言軍士宜怒其氣塞滿身中使氣息出外咆勃如盛陽之氣生養萬物也玉色者軍尚嚴肅故色不變動常使如玉也

○凡自稱天子曰予一人謙自別於人而已○别彼列反又如字○伯曰天子之力臣伯上公九命分陝者○陝失冉反諸侯之於天子曰某

士之守臣某其在邊邑曰某屏之臣某其於敵以下曰寡人小國之君曰孤擯者亦曰孤

邊邑謂九州之外大國之君自稱曰寡人擯者曰寡君○守手又反

（疏）凡自至曰孤○正義曰此一節明天子以下至士自稱及擯者傳辭之法也各隨文解之○凡自稱天子曰予一人者按曲禮下云天子曰余一人予余不同者鄭注曲禮云余予古今字耳蓋古稱予今稱余其義同此云自稱曲禮注云擯者辭則天子與臣下言及遣擯者接諸侯皆稱予一人言我於天下之內但祇是一人而已自謙退言與餘人無異若臣下稱一人則謂率土之內唯有此一人尊之也○伯曰天子之力臣按曲禮云天子之吏不同者此謂自稱謂身自稱於諸侯也言己是天子運力之臣曲禮所云謂二伯擯於天子曰天子之吏鄭注曲禮云擯者辭以此不同也皇氏云所以不同者殷周之異不顧經文繆爲異說其義非也○諸侯至曰孤明諸侯自稱之號○諸侯之於天子曰某土之守臣某者謂諸侯身對天子自稱辭故上文揔以自稱冠之若諸侯上介致辭於天子之擯者亦當然也其天子之擯告天子則曰臣某侯某故曲禮云諸侯之於天子曰臣

某侯某鄭注曲禮謂嗇夫承命告天子辭也○其在邊邑曰某屏之臣某者謂在九州之外邊鄙之邑自稱於天子云某屏之臣某若使上介告天子之擯亦當然其天子之擯告天子則曰臣某子某某某男某故曲禮云其在東夷北狄西戎南蠻雖大曰子注云入天子之國曰子男者亦曰男是也此與曲禮不同者亦以自稱及擯者不同皇氏皆以爲殷周之異其義非也○其於敵以下曰寡人者謂諸侯於敵以下自稱寡人言以下通及民也謹按曲禮云其與民言自稱曰寡人是也○小國之君曰孤擯者亦曰孤者此謂夷狄子男之君自稱及介傳命云某土之孤某故云小國之君曰孤擯者告天子亦應云某孤○云擯者亦曰孤其在國自稱亦曰孤故曲禮云庶方小侯於外曰子自稱曰孤是也○注大國至寡君正義曰按春秋大夫出使之時稱己君爲寡君則知爲君擯者稱己君爲寡君也

上大夫曰下臣擯者曰寡君之老下大夫自名擯者曰寡大夫世子自名擯者曰寡君之適擯者之辭主謂見於他國君下大夫自名於他國君曰外臣某○適丁歷反見賢遍反

公子曰臣孽孽當爲枿聲之誤○

孽音辨五葛反徐五列反

士曰傳遽之臣於大夫曰外私

傳遽以車馬給使者也士臣於大夫者曰私人○傳陟戀反注同遽其庶反

大夫私事使私人擯則稱名

私事使謂以君命私行非聘也若魯成公時晉侯使韓穿來言汶陽之田歸之于齊之類○使色吏反注同

公士擯則曰寡大夫寡君之老大夫有所往必與公士為賓也

謂聘也大聘使上大夫小聘使下大夫公士為賓謂作介也往之也○賓必刃反注同

疏

上大至之適○正義曰此一節明上下大夫世子在己國及出使往他國稱謂之異○上大夫曰下臣者上大夫卿也自於己君之前稱曰下臣君前臣名稱下臣某也○擯者曰寡君之老者謂此上大夫出使他國在於賓館主國致禮上大夫設擯禮待之此擯者稱大夫為寡君之老雖以擯為文其實謂介接主君之時辭亦當然擯介通也下大夫自名者謂對己君稱名而已不敢稱下臣卑遠於卿也○擯者曰寡大夫者謂下大夫出使設擯者以待主國此擯者稱下大夫云寡大夫不敢稱寡君之老○世子自名者謂對己國之君稱名○擯者曰

寡君之適謂對他國之辭○注擯者至臣某○正義曰擯者
之辭主謂見他國君則是出使之臣在容曰介當云介而云
擯者謂出使他國在於賓館主國致禮己爲主人故稱擯也
且擯介散文則通也云下大夫自名於它國君曰外臣某者
如鄭此言則下大夫自名謂對己君也則經云上大夫曰下
臣亦對己君也故熊氏以爲皆對己君而皇氏云對它國君
違鄭注意其義非也公子曰臣孽稱臣謂對己君也若對它
國當云外臣注從栟者栟是樹生之餘故盤庚云若顛木之
有由孽是也○士曰至外私○遽是促遽士位卑給車馬役
使故稱傳遽亦謂對己君也皇氏以爲對它國君其義亦通
○於大夫曰外私者凡大夫家臣稱私此士既不與大夫爲
臣故對大夫稱曰外私○注士臣至私人○正義曰此下文
云大夫私事使私人擯則稱名故知大夫之臣曰私人也○
大夫至稱名○大夫私事使者謂非正聘之禮謂以君之私
事而出使○私人擯則稱名者謂以己之屬臣爲擯相雖是
上大夫及下大夫擯者則皆稱大夫之名以其非公事正聘
故降而稱名也○注若魯至之類○正義曰按成二年晉及
魯衞伐齊使齊人歸魯汶陽之田至成八年齊人服晉晉侯
使韓穿來言汶陽之田歸之于齊云之類者若乞師告糴故
云之類○公士至賓也○前經明大夫以君之私事出使此

經明大夫以國之公事○出聘及私問也公士擯者謂正聘之時則用公家之士爲擯不用私人也則曰寡大夫寡君之老者若小聘使下大夫擯者則稱下大夫曰寡大夫若大聘使上大夫擯者則稱上大夫曰寡君之老○大夫有所往必與公士爲賓也者覆明上正聘使公士爲擯之事往謂之適也言大夫正聘者有所往之適之時必與公士爲賓賓介也言使公士作介也○注大聘至大夫○正義曰按聘禮及竟張旜周禮孤卿建旜故知大聘使卿聘禮又云小聘曰問其禮如爲介按大聘大夫爲上介今云如其爲介故知小聘是大夫也

附釋音禮記注疏卷第三十

武寧盧氏
宣旬校字

江西南昌府學栞

禮記注疏卷三十挍勘記　阮元撰盧宣旬摘録

附釋音禮記注疏卷第三十　惠棟挍宋本禮記正義卷第四十

玉藻

君衣狐白裘節

以少爲貴也　閩監毛本同嘉靖本同衞氏集說同惠棟挍宋本貴作尊岳本同宋監本同

錦衣亦白　惠棟挍宋本有亦字衞氏集說同此本亦字脫閩監毛本同

諸侯朝天子受皮弁之裼　閩監毛本同浦鏜云裼當錫字誤

告廟之後則服之　閩監毛本同齊召南云按文義當作告廟之後則不服之刊本相沿誤脫不字耳秦風錦衣狐裘疏曰諸侯在天子之朝乃服狐自歸國則不服之孔子曰天子賜諸侯冕弁服於大廟歸設奠服賜服然則諸侯受天子之賜服歸則服之以告廟而已於後不復服之足以證此文脫不字矣

其在國視朔則素衣麑裘 閩監本同毛本麑誤霓下故論語注云素衣麑裘同

君子狐青裘節

青豻褎 各本同石經同釋文豻作犴

羔裘豹飾 各本同石經同嘉靖本飾誤飭下文飾經注同

不如黼裘大裘之美故故謂之裼耳 惠棟挍宋本不重故字此本誤重閩監毛本故上衍以字

弔則襲節 惠棟挍云弔則襲節君在節服之襲節宋本合爲一節

不盡飾也 各本同石經同嘉靖本飾誤飭

大廟說笏非古也 惠棟挍宋本同石經同宋監本同岳本同嘉靖本同考文引補本古本足利本同閩監本古誤禮衞氏集說同毛本非古誤無禮石經考文提要云宋大字本宋本九經南宋巾箱本余仁仲本劉叔剛

本並作非古

而素帶終辟節 石經考文提要云坊本陳澔集說自此以下至孔子食於季氏以上多所倒置案岳珂本玉藻篇後附刻與國于氏所定本澔所用乃于氏所改也蔡沈書集傳考定武成猶附經後澔直沒古文又不言出于氏今從諸本按提要是也正義云其文雜陳又上下爛脫今依鄭注以爲先後云云是孔氏不敢輙改移經文但于正義中整齊其次第申其說耳于此見唐人讀經之愼非宋以後人所可及也

宜承朱裏終辟 閩監本同岳本同嘉靖本同衛氏集說同毛本承誤同

其帶用單帛 閩監本同毛本單誤禪衛氏集說亦作單

但士帶至者必反屈韠上 惠棟按宋本至作垂是也衛氏集說同考文引補本同閩監毛本並誤至

故讀爲繂與裨繂同也毛本同閩監本上繂誤綡碑誤裨

故知宜承天子素帶之下文相亦也○注三寸至爲衿

○正義曰按此本文相亦也下尚有注三寸至爲衿及注雜猶至三齊正義二則惠棟挍宋本同閩監毛本本節疏文相亦也止以注三寸至爲衿正義一則移厠王后褘衣節下注雜猶至三齊正義一則移厠韠君朱節下非孔氏之亦也

知三寸約帶紐組之廣者毛本作紐此本紐誤組閩監本同以下三條閩監毛本在十四頁左

云宜承約用組者閩監本同惠棟挍宋本同毛本組下衍結字

以此經直云三寸長齊于帶閩本同惠棟挍宋本同監本直字空闕毛本直字脫

上云裨此云雜閩本同惠棟挍宋本同監毛本裨作韠下上之裨君裨大夫裨士裨並倣此以

下二條閩監毛本在十一頁

韠君朱節

必象裳色則天子諸侯閩監毛本同岳本同嘉靖本同惠棟挍宋本裳色下又有裳色二字
宋監本同

衡佩玉之衡也閩監毛本如此岳本同衛氏集說同嘉靖本上衡誤猶

云凡佩繫之革帶者閩監毛本同惠棟挍宋本之作於是也

故也〇注此元至不命閩監毛本故也下厠注雜猶至三齊正義一則

則公之卿元冕侯伯之卿絺冕閩監毛本同衛氏集說同惠棟云希冕在元冕
上此互易

王后禕衣節

紳居二焉　石經作二而素帶終辟節正義亦作二凡兩見云人長八尺大帶之下四尺五寸分爲三分紳居二分焉紳長三尺也是字當作二之確證也此本二誤一閩監毛本同岳本同嘉靖本同衛氏集說同石經考文提要云宋大字本宋本九經南宋巾箱本儀禮集傳集注禮記纂言至善堂九經本九經誤字並作紳居二焉

結或爲衿　惠棟挍宋本同岳本同嘉靖本同考文引古本足利本同閩監毛本衿誤袗衛氏集說同

陳六服之下云素紗　惠棟挍宋本同閩本紗誤紱監本紗誤縳毛本誤縳按周禮作素沙

以白縳爲裏　監本同閩毛本縳作縳盧文弨云縳當作縳惠棟云古絹爲縳

立于房中是也　閩監毛本此下有注三寸至爲衿正義曰知三寸約帶紐組之廣者以帶廣四寸此云三寸長齊於帶承上紐約用組之下故知是紐廣也云言其屈而重也者解垂帶名紳之意申重也云宜承約用組結者以此經云三寸長齊於帶非發語之端明知有所承亦故以爲宜承約用組之下一段此本誤脫

凡侍於君節

磬倚則帶垂 閩監本同毛本倚作折衞氏集說同

急緩不出於三耳 惠棟挍宋本同衞氏集說同閩監毛本耳誤節

於大夫所節

爲惑未知者 各本同釋文惑作或○按古多假或爲惑

有音字同己祖禰名字 惠棟挍宋本同閩監毛本音作名

教學爲師長也 閩監本同毛本爲作謂衞氏集說同

古之君子必佩玉節

路門外之樂節也門外謂之趨 惠棟挍宋本作也門外宋監本同岳本同嘉靖本同衞氏集說同考文引補本古本足利本同此本也誤宅閩本同監毛本也門外誤至應門趨字惟嘉靖本與此本同各本俱作趨

視之文色所似也閩監毛本同岳本同嘉靖本同衛氏集說之作其通典六十三亦作之

孚筠旁達信也惠棟挍宋本同閩監毛本筠作尹衛氏集說同

宮中謂之時閩監毛本同衛氏集說宮作室是也

曲折而東嚮西嚮也惠棟挍宋本有西嚮二字衛氏集說同此本西嚮二字脫閩監毛本同

是臣之去朝君閩監本同衛氏集說同毛本臣誤以惠棟挍宋本臣字同去作法

自朝則結佩朝結佩閩監毛本同盧文弨云宋本無自字疑當有或是闕隔

凡佩玉必上繫於衡閩監毛本同衛氏集說同考文引補本衡作衡

以義爲縣惠棟挍宋本作純考文引補本同此本純作義閩監毛本同

又說文云綦蒼文閩本同惠棟挍宋本同考文引補本同監毛本蒼文作蒼艾盧文弨云說

文正云蒼艾色鄭箋詩則云綦蒼文

侍食於先生異爵者節

主人自置其醬閩監本同石經同岳本同嘉靖本同衞氏集說同毛本置作致

異爵謂尊於己也閩監毛本同衞氏集說也作者

飽猶食美閩監本同考文引補本食美作美食

食棗桃李節

食中弃所操石經同岳本同嘉靖本同閩監本本弃作棄衞氏集說同

此補脫重各本同釋文出重也正義本無也字考文云古本重下有者也二字

食瓜亦祭先也閩監毛本同衞氏集說同浦鏜從通解先下補圃字

人孰和調閩監毛本同衞氏集說人作火

君賜車馬節

以左手覆按右手也閩毛本同衞氏集說同監本按作案岳本同嘉靖本同釋文出覆案

愼於尊卑閩監毛本同岳本同嘉靖本同衞氏集說卑下有也字考文引古本同釋文出愼乎尊卑也

卽不敢乘服也閩監本同毛本卽作則

凡獻於君節

及致膳於尊者之義閩監毛本同衞氏集說同浦鏜挍義改儀

操醬齊以致命閩監本同毛本操作造

父命呼節

手執業則投之各本同毛本投誤受

此孝子之情父沒之後閩監毛本同惠棟挍宋本此作凡

君入門節

此一節論兩君朝聘 惠棟挍宋本同閩監毛本論作明衛氏集說同

君與尸行接武節

皆如與尸行之節也 閩監本同岳本同嘉靖本同衛氏集說同考文引古本足利本同毛本行之節誤之行迹

移之言靡匜也 惠棟挍宋本作迆正義同岳本同嘉靖本同衛氏集說同釋文出靡迆此本迆作匜閩監毛本同疏靡迆並放此

圈豚行 各本同石經同釋文出腞云本又作豚注同正義本作豚

蹜蹜如也 各本同石經同釋文出宿宿云本或作蹜

豚循也 惠棟挍宋本同考文引補本同衛氏集說同閩監毛本循誤豬

君子之容舒遲節

見所尊者齊遬　石經作遬岳本同此本遬誤從文作遫閩監毛本同嘉靖本同衛氏集說同釋文同

舒遲閑雅也　閩監本同毛本閑作閒

凡祭節

如覩其人在此　各本同釋文覩作睹

戎容暨暨節

儀形貌也　閩監毛本同岳本同嘉靖本同衛氏集說同段玉裁挍本儀改義按正義云以義斷割使義形貌在跡此義字之義作義形貌者是也

立容辨卑毋讇　各本同石經同釋文出毋讇毛本毋誤無

讇為傾身以有下也　惠棟挍宋本亦作有閩本同岳本同嘉靖本同考文引足利本同釋文出

有下宋監本同爲作謂監毛本有誤自衞氏集說同

若陽氣之躰物也閩監毛本躰作體岳本躰作休嘉靖本同衞氏集說同考文引補本古本足利本同段玉裁從九經三傳沿革例刪氣字體改休按正義云休養也躰不可訓養當以作休爲是休躰形近故致誤也

凡自稱節惠棟按云凡自稱節上大夫節宋本合爲一節

則曰臣某子某某男某惠棟按宋本同衞氏集說同考文引補本同閩監毛本男上脫一某字

謹按曲禮云其與民言閩監毛本同惠棟按宋本謹按作故字

云擯者亦曰孤閩監毛本同盧文弨云云上當有故字

上大夫曰下臣節

孽當爲枿聲之誤毛本作枿岳本同嘉靖本同衛氏集說同此本枿誤枿閩監本同按釋文出臣孽云依注音枿是亦作枿字也

若顛木之有由孽是也閩監毛本同衛氏集說孽作蘖

以國之公事○出聘補案此○誤衍

是大夫也惠棟挍宋本此下標禮記正義卷第四十終記云凡三十三頁

禮記注疏卷三十挍勘記

附釋音禮記注疏卷第三十一

明堂位第十四

○陸曰鄭云以其[illegible]周公於明堂所陳列之位○疏正義曰按

鄭目錄云名曰明堂者以其記諸侯朝周公於明堂之時所陳列之位也在國之陽其制東西九筵南北七筵堂崇一筵五室凡室二筵此於別錄屬明堂陰陽按異義今戴禮說盛德記曰明堂自古有之凡九室室四戶八牖共三十六戶七十二牖以茅蓋屋上圓下方所以朝諸侯其外有水名曰辟雍明堂月令說明堂高三丈東西九仞南北七筵上圓下方四堂十二室室四戶八牖其宮方三百步在近郊三十里講學大夫淳于登說云明堂在國之陽三里之外七里之內丙巳之地就陽位上圓下方八窻四闥布政之宮故稱明堂明堂盛貌周公祀文王於明堂以配上帝五精之神太微之庭中有五帝坐位古周禮孝經說明堂文王之廟夏后氏曰世室殷人曰重屋周人曰明堂東西九筵南北七筵堂崇一筵五室凡室二筵蓋之以茅周公所以祀文王於明堂以昭事上帝許君謹按今禮古禮各以義說無明文以知之鄭駁之云戴禮所云雖出盛德篇云九室三十六戶七十二牖以秦相呂不韋作春秋時說者蓋非古制也四堂十二室字誤

本書云九堂十二室淳于登之言取義於孝經援神契說宗祀文王於明堂以配上帝曰明堂者上圓下方八窗四闥布政之宮在國之陽帝者諦也象上可承五精之神五精之神實在大微在辰爲巳是以登云然今漢立明堂於丙巳由此爲之如鄭此言用淳于登之說此別錄所云依考工記之文然先代諸儒各爲所說不一故蔡邕明堂月令章句明堂者天子大廟所以祭祀夏后氏世室殷人重屋周人明堂饗功養老教學選士皆在其中故言取正室之貌則曰大廟取其正室則曰大室取其堂則曰明堂取其四時之學則曰大學取其圓水則曰辟雍雖名別而實同鄭必以爲各異者袁準正論明堂宗廟大學禮之本物也事義不同各有所爲而世之論者合以爲一體取詩書放逸之文經典相似之語推而致之考之人情失之遠矣宗廟之中人所致敬幽隱清淨鬼神所居而使衆學處焉饗射其中人鬼慢黷死生交錯囚俘截耳瘡痍流血以干鬼神非其理也茅茨采椽至質之物建日月乘玉路以處其中非其類也夫宗廟鬼神所居祭天而於人鬼之室非其處也王者五門宗廟在一門之內若射在於廟而張三侯又辟雍在內人物衆多殆非宗廟之中所能容也如準之所論是鄭不同之意然考工記明堂南北七筵每室二筵則南北三室居六筵室外南北唯有一筵宗廟路

寢制如明堂既殯在路寢室外得容殯者路寢雖制似明堂其室不敢踰廟其實寬大矣故多士傳云天子堂廣九雉三分其廣以二爲內五分其內以一爲高東房西房北堂各三雉是其闊得容殯也或可殯在中央土室之前近西在金室之東不必要在堂簷之下

禮記　鄭氏注　孔穎達疏

昔者周公朝諸侯于明堂之位周公攝王位以明堂之禮儀朝諸侯也不於宗廟辟王也○朝直遙反注及下皆同辟王音避一本作辟正王天子負斧依南鄉而立天子周公也負之言背也斧依爲斧文屏風於戶牖之閒周公於前立焉○斧音甫依本又作扆同於豈反注同鄉許亮反偝本又作背音倍屏並經反牖音酉三公中階之前北面東上諸侯之位阼階之東西面北上諸伯之國西階之西東面北上諸子之國門東北面

東上諸男之國門西北面東上九夷之國東門之外西面北上八蠻之國南門之外北面東上六戎之國西門之外東面南上五狄之國北門之外南面東上九采之國應門之外北面東上四塞世告至此周公明堂之位也

朝之禮不於此周公權用之也朝位之上上近主位尊也九采九州之牧典貢職者也正門謂之應門二伯帥諸侯而入牧居外而糾察之也四塞謂夷服鎮服蕃服在四方為蔽塞者。新君即位則乃朝周禮侯服歲一見甸服二歲一見男服三歲一見采服四歲一見衛服五歲一見要服六歲一見九州之外謂之蕃國世一見○采七在反塞先代反注同又先則反此周公明堂之位也本或無周公之字近附近之近藩本又作蕃方元反下同壹見壹又作一下賢遍反下同要一遥反

〔疏〕昔者至位也○正義曰此下節明周公朝諸侯於明堂之儀及諸侯夷狄所立之處各依文解之○注周

公至王也○正義曰周公攝王位者攝代也以成王年幼周公代之居位故云攝王位然周公攝位而死稱薨不云崩魯隱公攝諸侯之位而稱薨同周公正諸侯者鄭箴膏肓云周公歸政就臣位乃死何得記崩隱公見死於君位不稱薨云何又立發墨守云云隱爲攝位周公爲攝政雖俱相幼君攝政與攝位異也云不於宗廟辟王也者按覲禮諸侯受次于廟門外是覲在廟今在明堂故云辟王謂辟成王也○注天子至立焉○正義曰以周公朝諸侯居天子位故云天子周公也故大誥云王若曰鄭云王謂周公居攝命大事則權稱王也王肅以爲稱成王命故稱王與鄭異也王肅以家語之文武王崩成王年十三鄭康成用衛宏之說武王崩時成王年十歲與王肅異也云斧依爲斧文屏風於戶牖之間者釋宮云牖戶之間謂之扆今云斧依故知爲斧文屏風於戶牖間皇氏云在明堂中央大室戶牖間○三公中階之前北面東上此以下一經明朝位之法周公已居天子位餘有二公而云三公者舉國本數言之中階者南面三階故稱中○諸侯之位阼階之東西面北上者侯對伯爲尊故在阼階阼階近主位也按諸伯以下皆云之國此云位者以三公既云中階之前不云位諸侯在諸國之上特舉位言之明以下皆朝位也○九夷之國東門之外西面北上者位皇氏云在東門外之南故

北上○八蠻之國南門之外北面東上者皇氏云在南門外之西故東上○六戎之國西門之外東面南上者皇氏云在西門外之北故南上○五狄之國北門之外南面東上者皇氏云在北門外之東今按經云東上則宜在北門外之西故東上○九釆之國應門之外北面東上皇氏云在應門外之西此是九州之牧謂之釆者以采取當州美物而貢天子故王制云千里之外曰釆注云取其美物以當穀稅采亦是事言各掌其當州諸侯之事即此注云牧居外而糾察之是也○四塞世告至者此謂九州之外夷鎮蕃三服夷狄爲四方蕃塞每世一來朝告至或新王即位而來朝或已君初即位故云世告至也○注朝位至一見○正義曰上近主位尊也者三公則東上侯尊於伯故在東子尊於男亦在東是上近主位尊也云正門謂之應門者以明堂更無重門非路門外之應門以爾雅釋宮云正門謂之應門李巡云宮中南嚮大門應門也應是當也以當朝正門故謂之應門但天子宮內有路寢故應門之內有路門明堂既無路寢故無路門及以外諸門但有應門耳云二伯帥諸侯而入者按顧命畢公率東方諸侯入應門右召公率西方諸侯入應門左是也云牧居外而糾察之也者伯既領之入應門故牧居應門外糾察諸侯後人不如儀者引周禮侯服歲一見以下是大行人文

也引之者證夷狄卌一見則經之四塞世告至是也其夷狄之名此云九夷八蠻六戎五狄按職方云四夷八蠻七閩九貉五戎六狄爾雅釋地文云九夷八狄七戎六蠻謂之四海不同者爾雅釋地所云謂殷代此明堂周公朝諸侯及職方並謂周禮但戎狄之數五六不同故鄭志趙商問曰職方掌四夷八蠻七閩九貉五戎六狄之數注云周之所服國數明堂云朝位服事之國數夷九蠻八戎六狄五禮文事異不達其數故鄭荅云職方四夷謂四方夷狄也九貉即九夷在東方八蠻在南方閩其別也戎狄之數或六或五兩文異爾雅雖有與同皆數爾無別國之名不甚明故不定也如鄭此言夷狄之名既無別國顯其名數或六或五不可知也

明堂也者明諸侯之尊卑也朝於此所以正儀辨等也〔疏〕明堂至卑也○正義曰所以朝諸侯於明堂者欲顯明諸侯之尊卑故就尊嚴之處以朝之○注朝於至等也○正義曰解周公所以朝諸侯在此明堂之意云正儀辨等者大司馬職文彼云設儀辨位以等邦國鄭略言之

昔殷紂亂天下脯鬼侯以饗諸侯以人肉爲薦羞惡之甚也○紂直九反○是以周公相武王以伐

紂武王崩成王幼弱周公踐天子之位以治天下六年朝諸侯於明堂制禮作樂頒度量而天下大服踐猶履也頒讀爲班度謂丈尺高卑廣狹也量謂豆區斗斛筐筥所容受○相息亮反頒音班量徐音亮注同區烏侯反筐音匡筥紀吕反○七年致政於成王成王以周公爲有勳勞於天下致政以王事歸授之王功曰勳事功曰勞

疏

昔殷至天下○正義云此一節明周公有勳勞之事以殷紂亂天下周公相武王而伐之成王幼不能涖阼周公踐天子之位以攝之有大勳勞於天下所以封周公於魯行天子之禮樂及四代服器○脯鬼侯者周本紀作九侯故庾氏云史記本紀云九侯有女入於紂侯女不好淫紂怒殺之九與鬼聲相近故有不同也○武王崩成王幼弱者家語云武王崩成王年十三鄭康成則以爲武王崩成王年十歲是幼弱也○六年朝諸侯於明堂制禮作樂頒度量者周公攝政三年天下太平六年而始制禮作樂者書傳云周公將制禮作樂優游三年而不能作將大作恐天下莫我知也將小作則爲

人子不能揚父之功烈德澤然後營洛邑以期天下之心於是四方民大和會周公曰示之以力役且猶至而況導之以禮樂乎其度量六年則須故鄭注尚書康王之誥云攝政六年須度量制其禮樂成王即位乃始用之故洛誥云王肇稱殷禮祀于新邑是攝政七年冬也鄭云猶用殷禮者至成王即位乃用周禮是也其周公制禮攝政孔鄭不同孔以武王崩成王年十三至明年攝政管叔等流言故金縢云武王既喪管叔及其羣弟流言於國曰公將不利於孺子時成王年十四即位攝政之元年周公東征管蔡後二年克之故金縢云周公居東二年則罪人斯得除往年時成王年十六攝政之三年也故詩序云周公東征三年而歸攝政七年營洛邑封康叔而致政時成王年二十故孔注洛誥以時成王年二十是也鄭則以爲武王崩成王年十歲周書以武王十二月崩至成王年十二十二月喪畢成王將即位稱已小求攝周公將代之管蔡等流言周公懼之辟居東都故金縢云武王既喪管叔等流言周公乃告二公曰我之不辟無以告我先王既喪謂喪服除辟謂辟居東都時成王年十三明年成王盡執拘周公屬黨故金縢云周公居東二年則罪人斯得罪人。周公屬黨也時成王年十四至明年秋大熟有雷風之異故鄭注金縢云秋大熟謂二年之後明年。迎周公而反反則居攝之元年時成王年十五書傳所謂一年救亂明年誅武庚管蔡等書傳所謂二年克殷明年自奄而還書傳所謂三年踐奄四年封康叔書傳所謂四年建侯衛時成王年十八也故康誥云孟侯書傳云天子天子十八稱子孟侯明年營洛邑故書傳云五年營成周六年制禮作樂七年致政於成王年二十一明年乃即政時年二十二也禮既是鄭學故具詳焉○注致政至曰勞○正義曰致政以王事歸授之者按洛誥云朕復子明辟是以王事歸授之也云王功曰勳事功曰勞者是司勳職文彼注云上功輔成王業若周公也事功曰勞者注云以勞定國若禹也周公則勳勞兼有也○是以封周公於曲阜地方七百里革車千乘曲阜魯地上公之封地方五百里加魯以四等之附庸方百里者二十四并五五二十五積四十九開方之得七百里革車兵車也兵車千乘成國之賦也詩魯頌曰王謂叔父建爾元子俾侯于魯大啓爾宇爲周室輔乃命魯公俾侯于東錫之山川土田附庸又曰公車千乘朱英綠縢○乘繩證反注同甲必爾反本又作俾下同縢大登反命魯公世世祀周公以天子之禮樂同之於周尊之也魯公謂伯禽是以魯君孟春乘大路載弧韣旂十有二旒日月之章祀帝于郊配以后稷天子之禮也孟春建子之月魯之始郊日以至大路殷之祭天車也弧旌旗所以張幅也其衣曰韣天子之旌旗畫日月帝謂蒼帝靈威仰也昊天上帝魯

不祭

疏是以至禮也。正義曰自此以下皆爲周公有勳勞之事故成王特賜魯家用天子之禮兼四代服器各隨文解之。注曲阜至緑滕。正義曰云曲阜魯地者按費誓序云魯侯伯禽宅曲阜又按定四年左傳封於少皞之虛臣瓚注漢書云魯城內有曲阜逶迤長八九里云加魯以四等之附庸者魯受上公五百里之封又加四等附庸四等謂侯伯子男也按大司徒注云公無附庸侯附庸九同伯附庸七同子附庸五同男附庸三同摠爲二十四同。謂百里也既受五百里之封五五二十五爲二十五同又加二十四同故云積四十九開方計之得七百里云兵車千乘成國之賦也者按左傳云成國不過半天子之軍按論語千乘之賦居地方三百一十六里有畸諸侯之地三百里而下未成國也公則五百里侯四百里計地餘有千乘故謂之成國引詩魯頌以下者詩頌閟宮文也引之者證魯廣開土宇兵車千乘之事云朱英緑縢者言以朱爲英飾以緑爲縢約也。注同之至伯禽。正義曰同之於周者謂同此周公於周之天子云魯公謂伯禽者尚書費誓云魯侯伯禽宅曲阜時伯禽歸魯周公不之魯故公羊文十三年傳封魯公以爲周公也周公拜乎前魯公拜乎後曰生以養周公死以爲周公主然則周公之魯乎曰不之魯也曷爲不之魯欲天下之一乎周也言若周公之魯恐天下歸心於魯故不之魯使天下一心以事周。注孟春至不祭。正義曰知孟春是建子之月者以下云季夏六月以禘禮祀周公若是夏之季夏非禘祭之月即是周之季夏明此孟春亦周之孟春又雜記孟獻子曰正月日至可以有事於上帝故知此孟春是建子之月也云魯之始郊日以至者郊特牲云周之始郊日以至鄭既破周爲魯故云魯郊日以至云大路殷之祭天車也者以下文云大路殷路知祭天車者以祭天尚質器用陶匏大路一就故知是祭天所用也以尊敬周公故用先代殷禮牲用白牡車乘殷路云弧旌旗所以張幅也者弧以竹爲之其形爲弓以張縿之幅故考工記弧旌枉矢以象弧也注云弧以張縿之幅云其衣曰韣者謂此弓之衣謂之爲韣云天子之旌旗畫日月者周禮日月爲常又云王建大常此云日月之章與天子同也云帝謂蒼帝靈威仰者鄭恐是昊天上帝故明之云靈威仰也知非昊天上帝者以其配后稷后稷唯配靈威仰不配昊天上帝也鄭以此經唯云配以后稷故知昊天上帝魯不祭也

○季夏六月以禘禮祀周公於大廟牲用白牡尊用犧象山罍鬱尊用黄目灌用玉瓚

大圭薦用玉豆雕篹爵用玉琖仍雕加以璧散璧角俎用梡嶡升歌清廟下管象朱干玉戚冕而舞大武皮弁素積裼而舞大夏昧東夷之樂也任南蠻之樂也納夷蠻之樂於大廟言廣魯於天下也

季夏建巳之月也禘大祭也周公曰大廟魯公曰世室羣公稱宮白牡殷牲也尊酒器也犧尊以沙羽爲畫飾象骨飾之鬱鬯之器也黃彝也灌酌鬱尊以獻也瓚形如槃容五升以大圭爲柄是謂圭瓚篹籩屬也以竹爲之彫刻飾其直者也爵君所進於尸也仍因也因爵之形爲之飾也加加爵也散角皆以璧飾其口也梡始有四足也嶡爲之距清廟周頌也象謂周頌武也以管播之朱干赤大盾也戚斧也冕冠名也諸公之服自袞冕而下如王之服也大武周舞也大夏夏舞也周禮昧師掌教昧樂詩曰以雅以南以籥不僭廣大也○季夏戸嫁反注及下季夏夏礿皆同禘大計反大廟音泰後大廟皆同犧象素何反注下皆同罍音雷灌古亂反瓚才

旦反圭瓚也彫本亦作雕篹息緩反又祖管反琖側眼反夏爵名用玉飾之散先旦反注同梡苦管反虞俎名蕨居衛反又作橛音同夏俎名褐星厤反昧音妹任而林反或而鴆反沙素何反彝音夷直如字柄也盾字又作楯常準反又音允卷本又作衮同音古本反下文同僭七尋反又則念反

〔疏〕一季夏至下也○正義曰此一節明禘禮祀周公於大廟文物具備之儀○牲用白牡者白牡殷牲尊敬周公不可用已代之牲故用白牡○尊用犧象山罍者魯得用天子之尊也犧尊周禮春夏之祭朝踐堂上薦血腥時用以盛醴齊君及夫人所酌以獻尸也象尊也周禮春夏之祭堂上薦朝事竟尸入室饋食時用以盛盎齊君及夫人所酌以獻尸也山罍謂夏后氏之尊天子於追享朝享之祭再獻所用今褒崇周公於禘祭之時亦雜用山尊但不知何節所用○鬱尊用黃目者鬱謂鬱鬯酒黃目嘗烝所用令尊崇周公故於夏禘用之○灌用玉瓚大圭者灌謂酌鬱鬯獻尸求神也酌之所用玉瓚以玉飾瓚故曰玉瓚也以大圭爲瓚柄故曰大圭也○薦用玉豆者薦謂祭時所薦菹醢之屬也以玉飾豆故曰玉豆下云殷玉豆是也○彫篹者篹籩也以竹爲之形似筥亦薦時用也彫鏤其柄故曰彫篹也○爵用玉琖仍彫者爵君酌酒獻尸杯也琖夏后氏之爵名也以玉飾之

故曰玉琖仍因也因用爵形而爲之飾故曰仍雕○加以璧散璧角者加謂尸入室饋食竟主人酳醴齊酳尸名爲朝獻朝獻竟而夫人酌盎齊亞獻名爲再獻又名爲加于時薦加豆籩也此再獻之時夫人用璧角內宰所謂瑤爵也其璧散者夫人再獻訖諸侯爲賓用之以獻尸雖非正加是也夫人加爵之後後摠而言之亦得稱加故此摠云加以璧散璧角先散後角便文也俎用梡嶡者梡嶡兩代俎也虞俎名梡梡形四足如案禮圖云梡長二尺四寸廣一尺二寸高一尺諸臣加雲氣天子犧飾之夏俎名嶡嶡亦如梡而橫柱四足中央如距也賀云直有腳曰梡加腳中央橫木曰嶡○升歌清廟者升升堂也清廟周頌文王詩也升樂工於廟堂而歌清廟詩也下管象者下堂下也管匏竹在堂下故云下管也象謂象武也詩也堂下吹管以播象武之詩故云下管象也○朱干玉戚者干盾也戚斧也赤盾而玉飾斧也○冕而舞大武者冕袞冕也大武武王樂也王著袞冕執赤盾玉斧而舞武王伐紂之樂也○皮弁素積裼而舞大夏者皮弁三王之服也裼見美也大夏夏禹之樂也王又服皮弁裼而舞夏后氏之樂也六冕是周制故用冕而舞周樂皮弁是三王服故用皮弁舞夏樂也而周樂是武武質故不裼夏家樂文文故裼也若諸侯之祭各服所祭之冕而舞故祭統云諸侯之祭也與竟

内樂之冕而搃于卒其羣臣以樂皇尸是知用冕服舞也○
眛東夷之樂也任南蠻之樂也者周公德廣非唯用四代之
樂亦爲蠻夷所歸故賜奏蠻夷之樂於庭也唯言夷蠻則戎
狄從可知也又一通云正樂既不得六代故蠻夷則唯與二
方也白虎通云樂元語曰東夷之樂曰朝離萬物微離地而
生樂持矛舞助時生也南夷樂曰南南任也任養萬物樂持
羽舞助時養也西夷樂曰味味眛也萬物衰老取晦眛之義
也樂持戟舞助時殺也北夷樂曰禁言萬物禁藏樂持干舞
助時藏也又曰唯制夷狄樂聖王也先王推行道德和調陰
陽覆被夷狄故制夷狄樂何不制夷禮禮者身當履而行之
夷狄不能行禮也此東曰眛西曰株離與白虎通正相反者
以春秋二方俱有眛株離之義故白虎通及此各舉其一白
虎通云朝離則株離也鉤命決亦云東夷之樂曰眛南夷之
樂曰南與此同○納夷蠻之樂於大廟者皆於大廟奏之○
言廣魯於天下也者廣魯欲使如天子示於天下故云廣魯
於天下也○注季夏至大也○正義曰羣公稱宮此公羊文
十三年傳曰周公稱大廟魯公稱世室羣公稱宮此魯公之
廟也曷爲謂之世室世室猶世世不毀也左氏經以爲大室
屋壞服氏云大廟之室與公羊及鄭違今所不取○云儀尊以
沙羽爲畫飾者鄭志張逸問曰明堂注儀尊以沙羽爲畫飾

前問曰犧讀如沙沙鳳皇也不解鳳皇何以爲沙荅曰刻畫鳳皇之象於尊其形婆娑然或有作獻字者齊人之聲誤耳又鄭注司尊彝云山罍亦刻而畫之爲山雲之形鄭司農注周禮司尊彝云獻讀爲犧犧尊飾以翡翠象尊以象鳳皇或曰以象骨飾尊王注禮器云爲犧牛及象之形鑿其背以爲尊故謂之犧尊阮諶禮圖云犧尊畫以牛形云篹籩屬也以竹爲之雕刻飾其直者也知篹爲籩屬者與豆連文故知籩屬以字從竹故知以竹爲之直柄也篹既用竹不可刻飾今云彫其直者是刻其柄也云仍因也者釋詁文也云加加爵也者以其非正獻故謂之加云散角皆以璧飾其口也者鄭恐散角以璧爲之故云以璧飾其口內宰謂之瑶爵此處謂之璧角者瑶是玉名爵是揔號璧是玉之形制角是爵之所受之名異其實一物也云梡始有四足也者以虞氏尚質未有餘飾故知始有四足云嶡爲之距者以夏世漸文故知以橫木距於足中云清廟周頌也者以文王有清明之德祭之於廟而作頌也云象謂周頌武也以管播之者按詩維清奏象舞襄二十九年見舞象箾南籥知非文王樂必以爲大武武王樂者以經云升歌清廟下管象以父詩在上子詩在下故知爲武王樂也以管播之謂吹管播散詩之聲也云大武周舞也者上云下管象謂吹大武詩此云舞大武謂爲大武

之舞云大夏夏舞也者以大夏是禹樂故爲夏舞引周禮昧師者證經之昧樂引詩以雅以南者證經之南夷之樂任即南也則此詩小雅鼓鐘之詩鄭云雅萬舞也萬也南也籥也三舞不僭言進退之旅也周樂尚武故謂萬舞爲雅○

君卷冕立于阼夫人副褘立于房中君肉袒迎牲于門夫人薦豆籩卿大夫贊君命婦贊夫人各揚其職百官廢職服大刑而天下大服

副首飾也今之步摇是也詩云副笄六珈周禮追師掌王后之首服爲副褘王后之上服唯魯及王者之後夫人服之諸侯夫人則自揄翟而下贊佐也命婦於內則世婦也於外則大夫之妻也祭祀世婦以下佐夫人揚舉也大刑重罪也天下大服知周公之德宜饗此也○褘音輝注同袒音誕摇本又作繇同以昭反珈音加追丁回反揄羊昭反○

疏 君卷至大服。○正義曰前經明祀周公所用器物此經明祀周公之時君與夫人卿大夫命婦行禮之儀○夫人副褘立于房中者尸初入之時君待之於阼階夫人立於東房中魯之大廟如天子明堂得立房中者房則東南之室也揔稱房耳皇氏云祭姜嫄之廟故有房按此文承上禘祀周公之下下云天下大服鄭注知周公之德宜饗此也則是祀周公於大廟而云姜嫄廟非辭也○迎牲于門者謂祼鬯之後牲入之時迎於門○夫人薦豆籩者謂朝踐及饋孰并酳尸之時薦豆籩也○卿大夫贊君者贊助也卿大夫助君謂初迎牲幣告及終祭以來之屬也○命婦贊夫人者命婦於內則世婦以下於外則卿大夫妻並助夫人薦豆籩及祭事之屬也○各揚其職百官廢職服大刑者當祭之時命百官各揚舉其職事如有廢職不供服之以大刑○而天下大服者以祭周公文物備具禮儀整肅百官供命而天下大服明周公之德宜合如此○注副首至此也○正義曰經云副褘副是首飾以其覆被頭首漢之步搖亦覆首故云今之步搖引詩副笄六珈者詩鄘風刺衛宣姜之詩也言宣姜首著副珈而又以笄六玉加於副上引周禮追師者證副者是王后首服言追師掌爲副以供后之首服云褘王后之上服者按周禮云褘衣揄翟闕翟等皆是后之所服但褘衣則是王后服之上者云唯魯及王者之後夫人服之者此經夫人副褘是魯得服之王者之後得行先代天子禮樂是王者之後夫人得服之云諸侯夫人則自揄翟而下者言其餘諸侯夫人不得服褘衣也云命婦於內則世婦也於外則大夫之妻

也者按喪服傳云命婦者婦人之爲大夫妻世婦與大夫位同故知内則世婦也不云女御及士妻者以經云卿大夫贊君士賤略而不言明士妻及女御亦略之○是故夏礿秋嘗冬烝春社秋省而遂大蜡天子之祭也不言春祠魯在東方主東巡守以春或闕之省讀爲獮獮秋田名也春田祭社秋田祀祊大蜡歲十二月索鬼神而祭之。礿音藥省讀爲獮仙淺反蜡仕嫁反守手又反祊音方本又作方索所白反〔疏〕是故至祭也。正義曰此一經明魯得祭之事。注不言至祀祊。正義曰云魯在東方者朝恒用春當朝之年以朝闕祭云王東巡守以春者鄭既明朝時闕春祭又明王巡守之時魯亦闕春祭巡守在於二月不於正月祭者皇氏云諸侯預前待於竟故不得正月祭也云省讀爲獮獮秋田名也者以省獮聲相近大司馬云中秋教治兵遂以獮田故知秋田名也云春田祭社秋田祀祊者大司馬職文彼云秋祀祊鄭云祊當爲方謂四方句芒之屬也○大廟天子明堂庫門天子皐門雉門天子應門言廟及門如天子之制也天子五門皐庫雉應路魯有庫雉路則諸侯三門與皐之

言高也詩云乃立皋門皋門有伉乃立應門
應門將將○與音餘伉苦浪反將將七良反
疏
大廟至應
門○正義
曰此一經明魯之門及廟之制○大廟天子明堂者言周公
大廟制似天子明堂○庫門天子皋門者言魯之庫門制似
天子皋門雉門天子應門者言魯之雉門制似天子應門○
注言廟至將將○正義曰言廟及門如天子之制也者謂制
度高大如似天子耳不必事事皆同故前文祭天不得祭圜
丘又郊特牲祭天服衮冕不服大裘是不得盡如天子記者
美之云天子之禮耳是知魯之大廟不可一一似明堂也云
天子五門皋庫雉應路者此經云天子皋門天子應門是天
子有皋門應門顧命有畢門畢門則路門也是天子有路門
此經魯有庫門雉門明天子亦有五門云魯有庫雉路則諸
侯三門與者此經有庫門雉門又檀弓云魯莊公之喪既葬
而經不入庫門定二年雉門災是魯有庫雉則又有路門可
知魯既有三門則餘諸侯亦有三門故云諸侯三門與但其
餘諸侯有皋門應門及路門也引詩乃立皋門應門者證諸
侯有皋門應門也所引詩者大雅文王緜之篇也言大王徙
居岐周爲殷諸侯立此皋門應門衛亦有庫門故家語云衛
莊公反國孔子譏其繹之於庫門内○
祊之於東方失之矣是衛有庫門也

振木鐸於朝天

子之政也天子將發號令必以木鐸警衆。鐸大各反警京領反○山節藻棁復廟重檐刮楹達鄉反坫出尊崇坫康圭疏屏天子之廟飾也山節刻欂盧爲山也藻棁畫侏儒柱爲藻文也復廟重屋也重檐重承壁材也刮刮摩也鄉牖屬謂夾戶窻也每室八窻爲四達反坫反爵之坫也出尊當尊南也唯兩君爲好既獻反爵於其上禮君尊于兩楹之間崇高也康讀爲亢龍之亢又爲髙坫亢所受圭奠于上焉屏謂之樹今桴思也刻之爲雲氣蟲獸如今闕上爲之矣。藻本又作繅音早棁專悅反復音福注同重直龍反注同檐以占反刮古八反鄉許亮反注同坫丁念反康音抗苦浪反欂音博又皮麥反一音旁各反徐又薄歷反字林平碧反盧如字本又作櫨音同侏音朱劘莫何反爲好呼報反桴思也音浮

【疏】山節至飾也。○正義曰此一節論魯之大廟之飾。○山節謂欂盧刻爲山形。○藻棁者謂侏儒柱畫爲藻文也。○復廟者上下重屋也。○重檐者皇氏云鄭云重檐重承壁材也謂就外檐下壁復安板檐以辟風雨之灑壁故云重檐重承壁材。○刮楹者刮摩也楹柱也以密石摩柱。○達鄉者達通也鄉謂窻牖也每

室四戶八窻窻戶皆相對以牖戶通達故曰達鄉也。反坫者兩君相見反爵之坫也築土爲之在兩楹間近南人君飲酒既獻反爵于坫上故爲之反坫也。出尊者尊在兩楹間坫在尊南故云出尊。崇坫康圭者崇高也亢舉也爲高坫受賓之圭舉於其上也。疏屏者疏刻也屏樹也謂刻於屏樹爲雲氣蟲獸也。天子之廟飾也者自山節以下皆天子廟飾也反坫亦在廟故合言廟飾也。注山節至之矣。正義曰刻欂盧也者節名欂盧釋宮云檽謂之楶李巡云檽今欂盧也則今之斗拱云畫侏儒柱者按釋宮云杗廇謂之梁其上楹謂之梲李巡曰梁上短柱也云鄉牖屬者詩豳風塞向墐戶是牖屬也云出尊當尊南也者以當近南迴露嚮外爲出今言出尊故知尊南也云禮君尊于兩楹之間者以燕禮燕臣子列尊于東楹之西今兩君敵體尊在兩楹之間故鄉飲酒賓主敵體尊于房戶間是也皇氏解此用燕禮之文尊于東楹之西爲兩楹之間失之矣云康讀爲亢龍之亢者按易乾上九亢龍有悔讀從之云屏謂之樹今浮思也者屏謂之樹釋宮文漢時謂屏爲浮思故云今浮思解者以爲天子外屏人臣至屏俯伏思念其事按匠人注云城隅謂角浮思也漢時東闕浮思災以此諸文參之則浮思小樓也故城隅闕上皆有之然則屏上亦爲屋以覆屏牆故稱屏曰浮思或解屏則闕也古詩云雙闕百餘尺則闕於兩旁不得當道與屏別也闕雖在兩旁相對近道大略言之亦謂之當道故讖云代漢者當塗高謂巍闕也云刻之爲雲氣蟲獸如今闕上爲之矣者言古之疏屏似今闕上畫雲氣蟲獸如鄭此言似屏與闕異也

○鸞車有虞氏之路也鉤車夏后氏之路也大路殷路也乘路周路也

鸞有鸞和也鉤有曲輿者也大路木路也乘路玉路也漢祭天乘殷之路也今謂之桑根車也春秋傳曰大路素鸞或爲欒也○鉤古侯反乘徐食證反注同欒力丸反

〔疏〕鸞車至路也○正義曰此一經明魯有四代之車其制各別○鸞車車有鸞和也路則車也○鉤車夏后氏之路也者鉤曲也輿則車牀曲輿謂曲前闌也虞質未有鉤矣○大路殷路也者大路木路也○乘路周路也者乘路玉路也周王禮故用玉○注春秋傳曰大路素○正義曰按桓二年左氏云大路越席越席是祀天之席則大路亦祭天之車以祭天尚質故鄭云大路素

○有虞氏之旂夏后氏之綏殷之大白周之大赤

四者旌旗之屬也綏當爲緌讀如冠蕤之蕤有虞氏當言

綏夏后氏當言旂此蓋錯誤也綏謂注旄牛尾於杠首所謂大麾書云武王左杖黃鉞右秉白旄以麾周禮王建大旂以賓建大赤以朝建大白以即戎建大麾以田也○綏依注爲緌耳隹反注之樹反旄音毛杠音江麾毀皮反左仗直亮反鉞音越

【疏】有虞至大赤○正義曰此一經論魯有四代旌旗有虞氏之旂者旂當爲緌但注旄竿首未有旒縿夏后氏之綏者鄭云綏當爲旂夏后氏漸文既注旄竿首又有旒縿○殷之大白謂白色旗周之大赤者赤色旗此大白大赤各隨代之色無所畫也○注有虞至田也○正義曰知有虞氏當言綏夏后氏當言旂者以虞質於夏故知虞世但注旄夏世始加旒縿知注旄牛尾於杠者爾雅釋天云注旄首曰旂是也云所謂大麾者所謂巾車建大麾以田者是也必知此綏當大麾者彼大麾上有大白大赤此經夏后氏之綏下有大白大赤故知綏當大麾也然巾車注云正色言之大麾夏后氏之旗色黑鄭此注以綏爲有虞氏所建綏則大麾不同者有虞氏但有注旄竿首夏后氏之旗若去旒縿則與虞氏不異同謂之綏也以巾車連大白大赤故以綏麾爲之旗引書曰者牧誓文引之者證白旄以指麾是大麾也引周禮者巾車職文明天子所用然則魯之所用亦當然也

○夏后氏駱馬黑鬣殷

人白馬黑首周人黃馬蕃鬣○夏后氏牲尚黑殷白牡周騂剛順正色也白馬黑鬣曰駱殷黑首爲純白凶也騂剛赤色○駱音洛鬣力輒反蕃鬣字又作番音煩郭璞云兩披髮騂息營反又呼營反正音征又如字爲于僞反（疏）夏后至騂剛○正義曰此一經明魯有三代之馬及牲色不同夏后氏駱馬黑鬣鬣者駱白黑相間也此馬白身黑鬣故云駱也夏尚黑故用黑鬣也殷人白馬黑首者殷尚白故白馬也純白似凶故黑頭也頭黑而鬣白從所尚也然類三代俱以鬣爲所尚也○周人黃馬蕃鬣者蕃赤也周尚赤用黃近赤也而用赤鬣爲所尚也熊氏以爲蕃鬣爲黑色與周所尚乖非也夏后氏牲尚黑殷白牡周騂剛者賜魯用三代牲也騂赤色也剛牡也騂言剛則白亦剛白言牡黑亦牡也故殷告天云敢用玄牡從天色也○泰有虞氏之尊也山罍夏后氏之尊也著殷尊也犧象周尊也泰用瓦著著地無足○大音太本亦作泰著直略反注同（疏）泰有至尊也○正義曰此一經明魯用四代尊也虞尊用瓦名泰也然或用三代或用四代者隨其

禮存者而用之耳無別義也○山罍夏后氏之尊也者罍爲雲雷也畫爲山雲之形也○著殷尊也者無足而底著地故謂爲著也然殷尊無足則其餘泰罍犧並有足也○犧象周尊也者畫沙羽及象骨飾尊也然殷名著周名犧象而禮器云君西酌犧象亦是周禮也○注泰用至無足○正義曰以考工記云有虞氏尚陶旊弓又云有虞氏瓦棺故知泰尊用瓦也

○爵夏后氏以琖殷以斝周以爵斝畫禾嫁也詩曰洗爵奠斝○斝音嫁又古雅反注同

【疏】爵夏至以爵○正義曰此一經明魯有三代爵並以爵爲形故并標名於其上○夏后氏以琖者夏爵名也以玉飾之故前云爵用玉琖仍雕是也○殷以斝者殷亦爵形而畫爲禾嫁故名斝斝嫁也○周以爵者皇氏云周人但用爵形而不畫飾按周禮太宰贊王几玉爵然則周爵或以玉爲之或飾之以玉皇氏云周爵無飾失之矣

○灌尊夏后氏以雞夷殷以斝周以黃目○其勺夏后氏以龍勺殷以疏勺周以蒲勺夷讀爲彝周禮春祠夏禴祼用雞彝鳥彝秋嘗冬烝祼用斝彝黃彝龍龍頭也疏通刻其頭蒲合蒲如鳧

頭也○勺市灼反下同禴音藥祼古亂反

【疏】灌尊至蒲勺○正義曰此一節明魯有三代灌尊及所用之勺○夏后氏以雞夷者夷卽彝彝法也與餘尊爲法故稱彝雞彝者或刻木爲雞形而畫雞於彝○殷以斝者鄭司農云畫爲禾稼周以黃目者以黃金爲目皇氏云夏后氏以瓦泰之上畫以雞彝殷著尊畫爲稼彝然尊彝別作事不相依而皇氏以當代之尊爲彝文無所據假因當代尊爲彝則夏后氏當因山罍不得因虞氏瓦泰皇氏之說其義並非也○夏后氏以龍勺者勺爲龍頭○殷以疏勺者疏謂刻鏤通刻勺頭○周以蒲勺者皇氏云蒲謂合蒲當刻勺爲鳧頭其口微開如蒲草本合而末微開也○注夷讀至頭也○正義曰引周禮春祠夏禴以下司尊彝職之文云春祠夏禴祼用雞彝鳥彝者雞彝盛明水鳥彝盛鬱鬯也秋嘗冬烝祼用斝彝黃彝者義亦然必知一時之祭并用兩彝者以下云朝踐用兩犧尊再獻用兩象尊犧象不可即爲二時故知兩彝祇當一節皇氏沈氏並云春用雞彝夏用鳥彝秋用斝彝冬用黃彝春屬雞夏屬鳥秋屬收禾稼冬屬土色黃故用其尊皇氏等此言文無所出謂言及於數非實論也種曰稼斂曰穡秋時不得稱稼月令季秋草木黃落冬即色玄不得用黃彝也下追享朝享用虎彝蜼彝追享謂禘祈禱也朝享謂月祭也若有所法則

四時不同何以獨用虎蜼又崔氏義宗廟祫祭用十八尊祫在秋禘祭用十六尊禘在夏也是一時皆數兩彝得爲十八十六若每時用唯有一彝秖十七十五是知皇氏等之說其義非也○

土鼓蕢桴葦籥伊耆氏之樂也

蕢當爲凷聲之誤也籥如笛三孔伊耆氏古天子有天下之號也今有姓伊耆氏者。○蕢讀爲凷苦對反桴音浮葦于鬼反籥音藥蕢其位反又苦怪反笛本又作篴音狄

疏 土鼓至樂也。正義曰此一經明魯用古代之樂土鼓謂築土爲鼓蕢桴以土塊爲桴。葦籥者謂截葦爲籥此等是伊耆氏之樂魯得用也。注蕢當至氏者。正義曰經云蕢者草名與土鼓相對故讀爲凷云伊耆氏古天子有天下之號也者禮運云伊耆氏始爲蜡蜡是報田之祭按易繫辭神農始作耒耜是田起於神農故說者以伊耆氏爲神農也

拊搏玉磬揩擊大琴大瑟中琴小瑟四代之樂器也

拊搏以韋爲之充之以糠形如小鼓揩擊謂柷敔皆所以節樂者也四代虞夏殷周也。拊芳甫反搏音博揩居八反注同大琴徐本作瑟糠音康柷昌六反敔魚呂反本又作圉

疏 拊搏至器也。正義曰此一經論魯有四代樂器但

四代漸文不如土鼓葦籥之質故別起其文也○魯公之廟文世室也武公之廟武世室也此二廟象周有文王武王之廟也世室者不毀之名也魯公伯禽也武公伯禽之玄孫也名敖疏魯公至室也○正義曰此一經明魯有二廟不毀象周之文武二祧也○文世室者魯公伯禽有文德世世不毀其室故云文世室武世室者伯禽玄孫武公有武德其廟不毀故云武世室○注武公至名敖○正義曰按成六年立武宮公羊左氏並譏之不宜立也又武公之廟立在武公卒後其廟不毀在成公之時此記所云美成王襃崇魯國而已云武公之廟武世室者作記之人因成王襃魯遂盛美魯家之事因武公其廟不毀遂連文而美之非實辭也故下云君臣未嘗相弒禮樂刑法政俗未嘗相變也鄭云亦近誣矣是不實也伯禽玄孫者按世本伯禽生煬公熙熙生弗弗生獻公具具生武公敖是伯禽玄孫名敖○米廩有虞氏之庠也序夏后氏之序也瞽宗殷學也頖宮周學也庠序亦學也庠之言詳也於以考禮詳事也魯謂之米廩虞帝上孝令藏粢盛之委焉序次序王事也瞽宗樂師瞽

矇之所宗也古者有道德者使教焉死則以爲樂祖於此祭之頖之言班也於以班政教也○廩力甚反頖音判委于僞反又作積丁賜反矇音蒙

【疏】米廩至學也○正義曰此一經明魯得立四代之學也○米廩有虞氏之庠也者言魯之米廩是有虞氏之庠魯以虞氏之庠爲廩以藏粢盛○序夏后氏之序也者是夏家之學也○注魯謂至祭之○正義曰虞帝上孝者尚書云烝烝乂禮記云舜其大孝也與是虞帝上孝也云今藏粢盛之委焉者委謂委積言魯家於此學中藏此粢盛委積按桓十四年御廩災公羊云御廩者何粢盛委之所藏也云古者有道德者使教焉死則以爲樂祖者大司樂文云於此祭之者謂於此瞽宗祭之故大司樂云祭於瞽宗是也

○崇鼎貫鼎大璜封父龜天子之器也崇貫封父皆國名文王伐崇古者伐國遷其重器以分同姓大璜夏后氏之璜春秋傳曰分魯公以夏后氏之璜○貫古喚反璜音黃父音甫注同分魯扶問反

【疏】注崇貫至之璜○正義曰知皆國名者春秋宣元年晉趙穿侵崇又書傳有崇侯虎貫與崇連文故知崇貫皆國名定四年左氏傳夏后氏之璜封父之繁弱封父與夏后氏相對故知封父亦國名云文王伐崇者詩大雅文云古者伐國遷其重器

以分同姓者按昭十五年左傳云密須之鼓闕鞏之甲以賜晉是遷其重器以分同姓也越棘大弓天子之戎器也越國名也棘戟也春秋傳曰子都拔棘疏注越國至拔棘○正義曰以崇鼎貫鼎是崇貫所出之鼎則知越棘是越國所有之棘引春秋傳曰子都拔棘者隱十一年左傳文證棘爲戟棘戟方言文也○夏后氏之鼓足殷楹鼓周縣鼓足謂四足也楹謂之柱貫中上出也縣縣之簨虡也殷頌曰植我鼗鼓周頌曰應朄縣鼓○縣音玄注及下注同簨本又作筍恤尹反虡音巨植市力反又音置徐音徒吏反又徒力反鼗音桃應應對之應朄音胤疏注殷頌至縣鼓正義曰所引殷頌者那之篇鄭注云置讀曰植植鞉鼓引之者證殷楹鼓引周頌有瞽之篇者按周頌有瞽始作樂合於大祖經云應田縣鼓毛傳云田大鼓鄭云田當爲朄朄小鼓在大鼓之旁引之者證周之縣鼓○垂之和鍾叔之離磬女媧之笙簧○垂堯之共工也女媧三皇承宓義者叔未聞也和離謂次序其聲縣也笙簧笙中之簧也世本作曰垂作鐘無句作磬女媧作笙簧○鍾章凶反說文作鍾以此鍾爲酒器字林之用反

媧徐古蛙反又古華反共音恭宓音密本又作虙音伏戲音羲句其俱反宇又作劬【疏】垂之至笙簧○正義曰此一經明魯有先代之樂○垂之和鍾者垂之所作調和之鍾○叔之離磬者叔之所作編離之磬○女媧之笙簧者女媧所作笙中之簧言魯皆有之○注垂堯之共工也至女媧作笙簧○正義曰按舜典垂作共工謂舜時也鄭不見古文故以爲堯時云女媧三皇承宓羲者按春秋緯運斗樞差德序命宓羲女媧神農爲三皇是承宓羲者帝王世紀云女媧氏風姓承庖羲制度始作笙簧無所革造故易不載不序於行蛇身人首是也云和離謂次序其聲縣也者聲解和也縣解離也言縣磬之時其聲希疏相離云出本作曰者世本書名有作篇其篇記諸作事云無句作磬者皇氏云無句叔之別名義或然也

○夏后氏之龍簨虡殷之崇牙周之璧翣

簨虡所以縣鍾磬也橫曰簨飾之以鱗屬植曰虡飾之以贏屬羽屬簨以大版爲之謂之業殷又於龍上刻畫之爲重牙以挂縣紘也周又畫繒爲翣戴以璧垂五采羽於其下樹於簨之角上飾彌多也周頌曰設業設虡崇牙樹羽○翣所甲反又作萎植市力反徐徒力反贏力果反重直龍反挂音卦紘徐音宏載以音戴○【疏】夏后至璧翣○正義曰此一

經明堂有三代樂縣之飾○夏后氏之龍簨虡者謂簨虡之上以龍飾之○殷之崇牙者謂於簨之上刻畫木爲崇牙之形以挂鍾磬周之璧翣者謂周人於此簨上畫繒爲翣戴之以璧下縣五采羽挂於簨角後王彌文故飾彌多也○注橫曰至樹羽○正義曰橫曰簨飾之以鱗屬植曰虡飾之以蠃屬者按考工記筍飾之以鱗屬鍾虡飾以蠃屬磬虡飾之以羽屬如考工記之文則筍飾以龍此經并云虡者蓋夏時簨之與虡皆飾之以鱗至周乃別故云龍簨虡或可因簨連言虡也云簨以大版爲之謂之業者詩周頌云設業設虡以業虡相對故知業則簨也其實簨上更加大版刻崇牙謂之業故詩大雅云虡業惟樅注云虡也栒也所以縣鍾鼓也設大版於上刻畫以爲飾是也云周又畫繒爲翣戴以璧者翣扇也言周畫繒爲扇戴小璧於扇之上云垂五采羽於其下樹於簨之角上者按漢禮器制度而知也引周頌者證簨虡及崇牙樹羽之義皇氏云崇牙者崇重也謂刻畫大版重疊爲牙

有虞氏之兩敦夏后氏之四連殷之六瑚周之八簋皆黍稷器制之異同未聞○敦音對又都雷反連本又作璉同力展反瑚音胡簋音軌○〔疏〕注皆黍至未聞○正義曰簋是黍稷之器敦與瑚璉

共簠簋連文故云。黍稷器也按鄭注周禮舍人云方曰簠圓曰簋此云未聞者謂瑚璉之器與簋簠異同未聞也鄭注論語云夏曰瑚殷曰璉不同者皇氏云鄭注論語誤也此言兩敦四璉六瑚八簋者言魯之所得唯此耳○俎有虞氏以梡夏后氏以嶡殷以椇周以房俎梡斷木爲四足而已嶡之言蹷也謂中足爲橫距之象周禮謂之距椇之言枳椇也謂曲橈之也房謂足下跗也上下兩間有似於堂房魯頌曰籩豆大房○椇俱甫反斷丁亂反又丁管反嶡俱衛反橫古曠反又音光又華盲反枳吉氏反橈音擾跗方于反

疏 注梡斷至大房○正義曰知梡斷木爲四足者以虞氏尚質未有餘飾故知但有四足而已云謂中足爲橫距之象者以言嶡謂足以橫蹷故鄭讀嶡爲蹷謂足橫辟不正也今俎足間有橫似有橫蹷之象故知足中央爲橫距之象言雖有距以距外物今兩足有橫而相距也云周禮謂之距者非周禮正文言周代禮儀謂此俎之橫者爲距故少牢禮腸三胃三長皆及俎距是也云椇之言枳椇也謂曲橈之也者椇枳之樹其枝多曲橈故陸機草木疏云椇曲來巢殷俎似之故云曲橈之也云房謂足下跗也上下兩間有似於堂房者按詩注云其制足間有橫下有跗似乎堂後有房

然如鄭此言則俎頭各有兩足足下各別爲跗足間橫者似
堂之壁橫下二跗似堂之東西頭各有房也但古制難識不
可委知南北諸儒亦無委曲解之
今依鄭注略爲此意未知是否
〇夏后氏以楬豆㪉
玉豆周獻豆
楬無異物之飾也獻疏刻之齊人謂無髮
爲禿楬〇楬徐苦瞎反注同又苦入反獻
素何反禿
土木反〇
【疏】
注獻疏刻之〇正義曰獻音娑
娑是希疏之義故爲疏刻之〇
〇有虞氏
服韍夏后氏山殷火周龍章
韍冕服之韠也舜始
作之以尊祭服禹湯
至周增以畫文後王彌飾也山取其仁可仰也火取其明也
龍取其變化也天子備焉諸侯火而下卿大夫山士韎韋而
已韍或作黻〇黻
音弗韎莫拜反〇
【疏】
有虞至龍章〇正義曰此一經論魯
有四代韍制〇有虞氏服紱者直以
韋爲韍韍未有異飾故云服韍夏后氏畫之以山殷人增之以
火周人加龍以爲文章〇注韍冕至而已〇正義曰易困卦
九二爻辭朱紱方來利用享祀是韍爲祭服也云天子備焉
諸侯火而下卿大夫山士韎韋而已者按士冠禮士韎韐是
士無飾推此即尊者飾多此有四等天子至士亦
爲四等故知卿大夫加山諸侯加火天子加龍
〇有虞

氏祭首夏后氏祭心殷祭肝周祭肺氣主盛也○夏后氏尚明水殷尚醴周尚酒此皆其時之用耳言尚非疏注此皆至尚非○正義曰夏后氏尚質故用水殷人稍文故用醴周人轉文故用酒故云此皆其時之用耳云言尚非者按儀禮設尊尚玄酒是周家亦尚明水也按禮運云澄酒在下是三酒在堂下則周世不尚酒故知經言尚者非也○有虞氏官五十夏后氏官百殷二百周三百周之六卿其屬各六十則周三百六十官也此云三百者記時冬官亡矣昏義曰天子立六官三公九卿二十七大夫八十一元士凡百二十蓋謂夏時也以夏周推前後之差有虞氏官宜六十夏后氏宜百二十殷宜二百四十不得如此記也疏有虞至三百○正義曰此經明魯家兼有四代之官然魯是諸侯按大宰職諸侯唯有三卿五大夫故公羊傳司徒司空之下各有二小卿司馬之下一小卿是三卿五大夫也今魯雖被褒崇何得備立四代之官而備三百六十職者當成王之時褒崇於魯四代官中雜存官職名號是使魯有之非謂魯得盡備其數但記者盛美於魯因舉四代官之本數而言

之。有虞氏官五十者鄭差之當爲六十。夏后氏官百者
鄭差之當爲百二十。殷二百者鄭差之當爲二百四十。
周三百者鄭據記時冬官亡矣故言三百若兼冬官則三百
六十也。注周之至記也。正義曰云周之六卿其屬各六
十者小宰職文云此云三百者記時冬官亡矣者以此經四
代相對各陳其官宜舉實數故云冬官亡矣若文無所對即
舉其成數故禮器經禮三百曲禮三千鄭禮序云舉大略小
闕其殘者是與此經不同引昏義者欲證明夏官百二十夏
倍於虞殷倍於夏殷官既多周不可倍之故但加殷百二十
耳按尚書周官云唐虞稽古建官惟百夏商官倍亦克用乂
與此數不同者禮是記事之典須委
曲備言書是疏通之教故舉大略小

有虞氏之綏夏后氏之綢練殷之崇牙周之璧翣綏亦旌旗之緌也夏綢其

杠以練爲之旒殷又刻繒爲重。牙以飾其側亦飾彌多也湯
以武受命恒以牙爲飾也此旌旗及翣皆喪葬之飾周禮大
喪葬巾車執蓋從車持旌御僕持翣旌從遣車翣夾柩路左
右前後天子八翣皆戴璧垂羽諸侯六翣皆戴圭大夫四翣
士二翣皆戴綏孔子之喪公西赤爲志亦用此焉爾雅說旌
旗曰素錦綢杠纁帛縿素升龍於縿練旒九。緌耳佳反注

並同綢吐刀反注同徐音籌從才用反下同遣弃戰反【疏】
夾古洽反柩其久反熏字又作纁香云反縿所銜反
有虞至璧翣○正義曰此一經明魯有四代喪葬旌旗之飾
有虞氏之綏者則前經注旄於竿首○夏后氏之綢練者謂
綢杠以練又爲之旒○殷之崇牙者謂刻繒爲崇牙之形飾
旌旗之側○周之璧翣者謂周代以物爲翣翣上戴之以璧
陳之而郭柩車○注綏亦至旒九○正義曰綏亦旌旗之綏
者以前經云夏后氏之綏是旌旗之綏故云綏亦旌旗之綏
綏謂注旄竿首也云夏綢其杠以練爲之旒者既綢杠以練
又知以練爲旒者以爾雅云練旒九也云湯以武受命恒以
牙爲飾也者前經云簨虡既以崇牙爲飾此旌旗又飾以崇
牙故云恒也周亦武取天下但殷既以牙爲飾周世尚文更
取他物飾之不復用牙云此旌旗及翣皆喪葬之飾者以前
文崇牙璧翣是飾簨虡此與夏后綢練連文按檀弓綢練設
旐夏也是喪葬旌旗故知喪葬之飾引周禮大喪葬巾車執
蓋從車持旌御僕持翣者證明葬有旌旗及翣之義云天子
八翣皆戴璧者天子八翣禮器文皆戴璧即此璧翣天子之
禮也云諸侯六翣皆戴圭大夫四翣士二翣皆戴綏並喪大
記文也引檀弓孔子之喪及爾雅者證
明此經是喪葬之飾并明綢練之義

凡四代之服器

官魯兼用之是故魯王禮也天下傳之久矣君臣未嘗相弑也禮樂刑法政俗未嘗相變也天下以爲有道之國是故天下資禮樂焉

王禮天子之禮也傳傳世也資取也此蓋盛周公之德耳春秋時魯三君弑又士之有誄由莊公始婦人髽而弔始於臺駘云君臣未嘗相弑政俗未嘗相變亦近誣矣資或爲飲○臺傳丈專反注同弑本又作殺音試注同誄力軌反髽側瓜反臺音胡駘大來反近近如字又附近之近

【疏】凡四至樂焉○正義曰此一經記者既陳四代服器官於前此經結之後美大魯國也然言土鼓蕢籥伊耆氏之樂又有女媧氏笙簧非唯四代而已今此秖言四代者據其多者言之唯舉四代耳其間亦有但舉三代者此四代服器魯家每物之中得有用之不謂事事盡用○天下以爲有道之國者作記之時是周代之末唯魯獨存周禮故以爲有道之國是故天下資禮樂焉者左傳襄十年云諸侯宋魯於是觀禮宋爲王者之後魯是周公之胄是天下資禮樂焉○注春秋至臺駘○正義曰按隱十一年羽父請殺桓公將以求大宰隱公不許

羽父使賊弑隱公是弑一君也莊三十二年慶父使圉人犖賊子般是弑二君也閔二年慶父又使卜齮賊公于武闈是弑三君也云士之有誄由莊公始者檀弓文在左傳莊十年乘丘之役也云婦人髽而弔始於臺駘者亦檀弓文左氏襄四年臧武仲與邾人戰於狐駘被邾人所敗是其事也

附釋音禮記注疏卷第三十一

清嘉慶二十年重栞
宋用文選樓藏本校

江西南昌府學栞

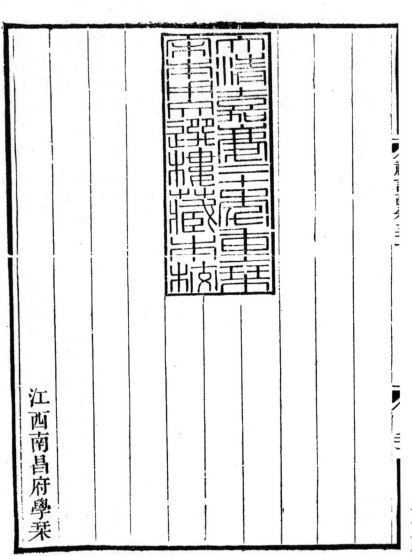

禮記注疏卷三十一挍勘記　阮元撰盧宣旬摘錄

附釋音禮記注疏卷第三十一　惠棟挍宋本禮記正義卷第四十一

明堂位第十四

按鄭目錄云名曰明堂者　閩監毛本同衛氏集說堂下有位字

似秦相呂不韋作春秋時說者　閩監毛本作似衛氏集說同此本似誤以按似誤以與玉藻疏同

今漢立明堂於丙巳　閩監毛本同衛氏集說同惠棟挍宋本巳作乙

其室不敢踰廟　閩監毛本室作飾

昔者周公節

不於宗廟辟王也　閩監毛本同岳本同嘉靖本同衛氏集說同釋文出辟王云一本作辟正王考

文引古本王上有正字按正義云辟王謂辟成王也是正義無正字於字各本同毛本作于

負之言背也 背各本同釋文出偝也云本又作背正義本作負

鎮服蕃服 閩監毛本同嘉靖本同衞氏集說同岳本蕃作藩服釋文出藩服云本又作蕃下同正義本作蕃○按藩正字蕃假借字

新君即位 各本同考文引古本足利本作新王新君即位按正義云或新王即位而來朝或已君初即位是世告至兼新王新君二義也○按考文所謂古本多本之正義

侯服歲一見 各本同釋文出壹見云壹又作一

昔者至位也 惠棟挍宋本無此五字

正義曰此下節 閩監本同毛本下作一

明堂云朝位服事之國數 閩監本同毛本位作謂

明堂也者節

明堂至甲也　惠棟挍宋本無此五字

昔殷紂亂天下節

昔殷至天下　惠棟挍宋本無此五字

俟女不好淫　惠棟挍宋本俟上有九字此本誤脫閩監毛本同

罪人謂周公屬黨也　惠棟挍宋本有謂字此本謂字脫閩監毛本同

明年秋迎周公而反　惠棟挍宋本有秋字此本秋字脫閩監毛本同

是以封周公於曲阜節　惠棟云是以節季夏節君卷節是故夏礿節大廟節振木鐸節山節節鸞車節有虞節夏后節泰有節爵夏后節灌尊節土鼓節拊搏節魯公節米廩節崇鼎節越棘節夏后節垂之節夏后節有虞節俎有節夏后節有虞節有虞節有虞節有虞節凡四代節宋本合三

十節爲一節

俾侯于魯各本同釋文出卑侯云本又作俾下同○按俾正字卑假借字

是以至禮也惠棟挍宋本無此五字

揔爲二十四同謂百里也閩監毛本同惠棟挍宋本重同字衞氏集說同

季夏六月節

雕篹各本同石經同釋文出彫篹云本亦作雕按正義作彫與釋文本同

朱干玉戚各本同毛本干誤于

象骨飾之閩監毛本同岳本同嘉靖本同衞氏集說同考文引古本象骨上有象樽以三字足利本無以字○按段玉裁挍本作象尊象骨飾之作樽俗字

鬱罍之器也黃彝也閩監毛本同岳本同嘉靖本同衞氏集說同考文引古本足利本鬱罍上

有鬱尊二字黃彝上有黃目二字

彫刻飾其直者也惠棟挍宋本作雕岳本同嘉靖本同衞氏集說同此本雕作彫閩監毛本同

周禮昧師掌教昧樂閩監毛本同岳本同嘉靖本同衞氏集說昧並作韎○按周禮作韎

唯制夷狄樂聖王也閩監毛本同浦鏜挍唯改誰按白虎通作誰制夷狄之樂以爲先聖王也

云犧尊以沙羽爲畫飾者惠棟挍宋本同閩監毛本沙作莎下沙羽同

故謂之犧尊惠棟挍宋本作象此本象作尊閩監毛本同

角是爵之所受之名異閩監毛本同衞氏集說無下之字孫志祖挍云之疑其

君卷冕立于阼節

百官廢職服大刑惠棟挍宋本同石經同岳本同嘉靖本同衞氏集說同閩監毛本官作宫

君卷至大服　惠棟挍宋本無此五字

君待之於阼階　毛本同衞氏集說亦作待無之字閩監本待作持

謂朝踐及饋孰并酳尸之時　惠棟挍宋本同衞氏集說同閩監毛本孰作熟并誤拜

命百官各揚舉其職事　閩監毛本同衞氏集說命作令

山節藻棁節

刮刮摩也　各本同釋文摩作劘嘉靖本同

今桴思也　閩監毛本同岳本同嘉靖本同衞氏集說同惠棟挍宋本桴作浮續通解同釋文出桴思云音浮

山節至飾也　惠棟挍宋本無此五字

爲雲氣蟲獸也閩監毛本蟲誤蟲下爲雲氣蟲獸畫雲氣蟲獸並同

爲兩楹之間失之矣閩監本同毛本爲誤謂考文引宋本無兩字

今浮思也者考文引宋板同閩監毛本浮作桴下爲浮思今浮思角浮思闕浮思則浮思曰浮思並同

有虞氏之旂節

武王左杖黃鉞各本同釋文杖作仗○按杖正字仗俗字

有虞至大赤惠棟按宋本無此五字

泰有虞氏之尊也節

泰有虞氏之尊也各本同石經同釋文出大云本又作泰

泰有至尊也惠棟按宋本無此五字

則其餘泰罍犧　閩監本作餘毛本餘誤虞

爵夏后氏以琖節

爵夏至以爵　惠棟挍宋本無此五字

贊玉几玉爵　惠棟挍宋本作几閩監毛本几誤凡

灌尊節

灌尊至蒲勺　惠棟挍宋本無此五字

冬屬土色黃　閩監毛本如此浦鏜挍從續通解土色黃改元黃色

是知皇氏等之說　閩監本同毛本誤作是知皇氏之等

土鼓蕢桴節

土鼓至樂也　惠棟挍宋本無此五字

謂截葦爲籥　閩本同考文引宋板同監毛本截誤𢧵衞氏集說同

以伊耆氏爲神農也　閩監毛本同惠棟挍宋本無也字衞氏集說同

拊搏節

中琴小瑟　各本同毛本小誤七

拊搏以韋爲之　宋監本同岳本同嘉靖本同閩監毛本韋誤葦衞氏集說同

拊搏至器也　惠棟挍宋本無此五字

垂之和鐘節

垂之和鐘　閩監毛本同石經同岳本同嘉靖本同衞氏集說鐘作鍾石經考文提要云宋本九經南宋巾箱本至善堂九經本並作鍾釋文出和鍾云說文作鐘以此鍾爲酒器按此本疏中和鐘字作鍾閩監毛本仍作鐘

女媧之笙簧　閩監本同石經同岳本同嘉靖本同衞氏集說同毛本媧誤蝸釋文出女媧

承宓義者閩監毛本同嘉靖本同衛氏集說義作犧岳本義作戲釋文出戲云音義

垂堯之共工也至女媧作笙簧惠棟挍宋本作垂堯至媧作笙簧

承庖義制度閩監毛本同惠棟挍宋本義作犧衛氏集說同庖作包

夏后氏之龍簨虡節

以挂縣紘也閩監毛本同岳本同嘉靖本同衛氏集說同釋文亦作紘段玉裁挍本云詩有瞽疏引作紘爲是釋文作紘非也冠之制紘下垂紘不下垂詩齊風箋正作縣紘

戴以璧閩本同岳本同嘉靖本同衛氏集說同考文引宋板同監毛本戴作載按釋文出載以云音戴孔陸異本監毛以釋文改正義本非也二本疏中仍作戴

夏后至璧翣惠棟挍宋本無此五字

以挂鍾磬閩本鍾字同監毛本鍾作鐘下鍾字同閩監本挂作掛○按掛俗挂字

故知業則龔也閩監本同毛本業字誤倒在故知上

有虞氏之兩敦節

夏后氏之四璉各本同石經同釋文出四連云本又作璉。按依說文當作槤从木連聲段玉裁云周禮管子多以連爲輦韓勑禮器碑胡輦器用卽胡連也

故云黍稷器也閩監毛本同浦鏜按云黍上脫皆字按衞氏集說作故鄭云皆黍稷器疑皆字當有

俎有虞氏以梡節

皆及俎距是也閩監毛本同惠棟按宋本距作拒

椇曲來巢閩監毛本同段玉裁按本云椇當作枳云枳椇卽宋玉賦之枳句又卽說文之迟曲

但古制難識不可委知惠棟按宋本同閩監毛本委作悉衞氏集說同

有虞氏祭首節

言尚非　閩監毛本同岳本同嘉靖本同衞氏集說同惠棟按宋本非作也考文引足利本作言尚非也

有虞氏官五十節

何得備立四代之官　閩監毛本同惠棟按宋本立作爲衞氏集說無立字

有虞氏之綏節

殷又刻繒爲重牙　閩監毛本同嘉靖本同岳本重作崇衞氏集說同考文引古本同盧文弨按云按前注亦作崇牙

纁白緣　閩監毛本同岳本同嘉靖本同衞氏集說同釋文出熏云字又作纁浦鏜按白字改帛按浦鏜是也

凡四代之服器官節

貣或爲飲　閩監毛本同岳本同嘉靖本同考文引古本作貣或爲諂也○按飲必誤字而古本不可信

凡四至樂焉　惠棟挍宋本無此五字

此經結之於後　惠棟挍宋本有於字衞氏集說同此本於字脫閩監毛本同

又有女蝸氏笙簧　閩監毛本同惠棟挍宋本氏作之衞氏集說亦作之蝸作媧

使圉人犖賊子般　惠棟挍宋本同閩監毛本賊誤弒下卜齮賊公于武闈同

附釋音禮記注疏卷第三十一終　惠棟挍宋本此下標禮記正義卷第四十一終宋監本禮記卷第九經三千六百五十一字注六千三百五十五字嘉靖本禮記卷第九經三千六百三十七字注六千三百四十九字

禮記注疏卷三十一挍勘記

傳古樓景印